司法書士入門研修

家族信託
ハンドブック 1
―ガイダンス編―

渋谷 陽一郎 〔著〕
Yoichiro Shibuya

発行 テイハン

推薦の言葉

　渋谷陽一郎氏執筆の『司法書士入門研修　家族信託ハンドブック』シリーズを推薦いたします。

　本シリーズは、司法書士による民事信託支援業務の実務を解説する入門書ですが、民事信託の健全な普及・発展のためには、その支援の主な担い手の１人である司法書士の正しい理解が必要不可欠であるとの認識に基づいて、司法書士による実務の規律について解説したものです。とりわけ民事信託の中核をなす福祉信託の適正な設定に資することを旨として執筆されているのが特徴です。これは渋谷氏のオリジナルな立脚点であり、民事信託の正しい方向性に沿うものであり、私も民事信託がこのように進展することを望んでいます。

　渋谷氏には障害者福祉の実践者という側面があり、福祉信託には深い思い入れがあるように感じています。また、司法書士でもありながら、金融機関での法務を担ったという経験もあり、そのような実践と経験が本シリーズには集約されています。

　本シリーズは、司法書士による民事信託支援業務に関する論点を網羅しており、それらを深く分析しています。本シリーズから私自身が多くのことを学びました。本シリーズは司法書士による民事信託支援業務を理解するための不可欠の書であるといっても過言ではありません。

　民事信託一般の健全な発展、とりわけ福祉型民事信託の適正な利用を促進する観点から本書を江湖に推薦する次第です。

中央大学研究開発機構教授、筑波大学名誉教授

新　井　　誠

刊行に寄せて

　本書のタイトルにある「家族信託」という言葉は、英米で長年用いられてきた「ファミリートラスト」の翻訳語です。本書14頁で説明するように「民事信託」の一つであり、親族によって行われる民事信託のことですが、今や、日本でも確立しつつある法技術として、一般の人々の間にも浸透してきています。

　2024年（令和6年）から相続登記が義務化されました。また、社会の超高齢化に伴い、高齢者の認知症対策が社会問題化しています。そこで、市民に最も身近な街の法律家である司法書士のもとにも、日々、地域の人々から、相続や後見の相談が寄せられるようになっています。

　ところで、司法書士は、相続や後見に代替し補充し得る法技術としての家族信託の知識なしでは、相続や後見の相談を受けることはできません。司法書士には、相談段階での助言者として、選択肢となる法技術のメニューを全て提示して、本人が適切な判断ができるように、相談者に情報提供する義務があります。利用者が本来利用できたはずの法技術に関する助言を懈怠し、利用者がそれに気づかず損失を被ってしまえば、司法書士が助言過誤に問われてしまうでしょう。

　ですから、相続や後見の相談を受ける司法書士には、家族信託に関する正確な知識が必須となるわけです。

　本書は、司法書士向けの入門研修会における講義を、ライブで収録して、実況中継でお伝えするものです。専門書でよくあるような積読では

なく、1冊を一気に通読できる分量に整理しています。

　大学受験や資格受験の分野では、昔から、著名な受験予備校の講師による生講義が書籍化され、その講師独特の語り口（口語体）で、雑談を交えながら、わかりやすく説明されている参考書類も多く、文語体で書かれた正式のテキストが難しいと感じる悩める受験生の間で歓迎され、活用されてきました。私も、それらの書籍の恩恵を受けてきた1人です。そのようなわかりやすいライブ本を、専門家向けの本で作れないのだろうか、というのが、私の長年にわたる問題意識でしたが、今回、登記分野で100年の伝統を誇るテイハン社の全面協力を得て、ようやく製作することができました。

　司法書士が成年後見と民事信託に取り組むことに勇気を与え、その導きの星となったのは、福祉型信託の提唱者である新井誠教授です。本書シリーズはその新井誠教授からの推薦を得ることができました。

　新井誠教授は現代司法書士制度の恩人の1人ですが、本書の読者の皆さんにおかれましては、本書の本文をご一読していただくことで、いかにして司法書士集団が、この四半世紀の間、新井誠教授を理論的支柱として民事信託支援業務を生成してきたのか、その経緯を再確認してくだされば幸いです。

　本書の想定する読者のレベルは、令和年代にかけて司法書士試験に合格した方々です。もちろん、平成の時代や昭和の時代に司法書士試験に合格したベテランの皆さまも、これから家族信託を勉強したいという方であれば、ぜひとも手に取ってほしい1冊です。信託に関して初学者の人々でも気軽に読めるようなライブ本にしようと工夫しています。

本書は、今、注目の家族信託を学びたいと考える司法書士あるいは司法書士資格者、そして、司法書士の補助者の皆さんに向けての勉強開始前のガイダンス編として、司法書士と家族信託に関する話題を整理し、なぜ司法書士が家族信託の実務化に成功したのか、その経緯と理由は何か、ということを中心として、家族信託と任意後見契約の違いや、信託法の勉強の仕方などについて、やさしく講義するものです。家族信託の実務化を実現した先輩司法書士の人々の情熱や、司法書士という職業に対する愛情を感じ取ってもらい、読者の勉強のモチベーションを高めてもらえれば幸いです。

　本書はあくまでガイダンス編ですが、今後、この司法書士入門研修シリーズにて、家族信託の実務の手順編や、信託登記の実務入門編、家族信託を巡る裁判編、金融機関への対応編、信託契約書の起案編、公正証書作成編その他の研修単位の１コマごとの生講義を書籍化することも企画検討しています。テーマ等に関しましては、ぜひとも、読者の皆さまのご意見・ご要望を出版社までお寄せください。皆さまと共により良き書籍を作っていければ幸いです。

　本書は、新しく司法書士試験に合格し、これから実務を始め、あるいは、開業しようという司法書士資格者の人々に対して、廉価で実務の役に立つ、また良質で手に取りやすい書籍のシリーズを提供したいというテイハンの市倉泰会長のアイデアに基づいて企画されたものです。そして、テイハン編集部の大矢龍弘課長と共に新たなコンセプトを創造し、内容を構成し、読者にとって読みやすい、わかりやすい本とするために

iv

工夫に工夫を重ねたものです。その意味では、本書は3人の共著である
ともいえます。

　本書が、家族信託の実務に関する知識を身に付けたいと思う勉強熱心
な皆さまの座右の入門書となり、末永く実務の虎の巻となってくれれば、
それ以上の喜びはありません。

　なお、本書は、一般社団法人家族信託普及協会より、家族信託という
商標の使用の許諾を得ています。

2024（令和6）年9月

渋谷陽一郎

目　次

推薦の言葉　*words of recommendation*
刊行に寄せて　*preface*

1限目　「家族信託」を知らずには生き残れない時代に　*1*

▶自己紹介── 信託との付き合いは25年間　*3*
▶家族信託を知らずに相続相談は受けられない　*7*
▶本書で用いる言葉の定義　*12*
▶信託の意思凍結機能　*17*

2限目　家族信託は他の制度と何が違うのか？　*19*

▶後見制度との使い分け　*21*
▶民法上の代理や委任との違い　*25*
▶認知症対策の任意後見契約と家族信託　*29*
▶任意後見契約とは何か　*32*
▶家族信託と任意後見契約の類似点　*35*
▶家族信託と任意後見契約の相違点　*38*
▶家族信託の受託者と任意後見人の同一　*40*

3限目　どうして家族信託を使うのか？　*43*

▶家族信託を利用する理由　*45*
▶家族信託を選択した方が良い場合　*48*
▶家族信託の優れた機能　*50*
▶家族信託の優れた点に対する注意点　*52*

4限目 家族信託の組成とそのリスク *55*

▶民事信託支援業務はどのように行われるか *57*

▶財産がないと信託できないのか？ *59*

▶司法書士業務としての手順 *60*

▶家族信託の組成（設定）の方法 *65*

▶家族信託を用いる際のリスク *67*

▶家族信託の利用で注意すべき点 *69*

5限目 年表で見る民事信託普及のステップ *73*

▶司法書士と民事信託の関係に関する年表 *75*

▶民事信託支援業務の実務の展開 *86*

6限目 家族信託支援業務を始める準備 *95*

▶司法書士試験と信託法 *97*

▶家族信託（民事信託支援業務）の勉強方法 *99*

7限目 司法書士が家族信託の専門家であり続けるためのルール *105*

▶信託登記実務の急増 *107*

▶本人訴訟支援業務との違い *110*

▶弁護士と司法書士 *113*

▶司法書士業務としての法的根拠論 *116*

▶新井誠教授と司法書士 *123*

▶信託の民主化に向けて *126*

◆事項索引 *131*

1限目

「家族信託」を知らずには生き残れない時代に

自己紹介 ── 信託との付き合いは25年間

❖ 何をしている人？

　本日、私がどのような立場で、司法書士のための研修会の講師として、民事信託・家族信託の講義を行うのか、そんな資格があるのかと不審に思う方々もいらっしゃるかもしれませんので、念のため自己紹介をしておきたいと思います。

　私が信託の実務に関わるようになったのは、1990年代後半ですので、それから、すでに25年以上の年月を経ています。

　よく「貴方は何をしている人なのですか？」と質問されるのですが、私はもともと司法書士です。司法書士実務の経験も、それなりにあります。

　私は、学生時代から法律の勉強を始めて、その延長線上で、昭和後半のバブルの時代に、司法書士事務所の補助者となりました。司法書士試験の受験勉強をしながら、通算5年間くらい勤めたでしょうか。

　主に、東京都内の中野簡易裁判所近隣の山本修事務所にて裁判事務をしていました。司法書士実務の師匠である山本修先生は、裁判事務のエキスパートとして知られ、東京司法書士会の会長などを歴任された人です。

❖ 司法書士登録と法改正運動

　1993年に司法書士試験に合格した後は、年内にすぐ登録して司法書士会の会務を行い、青年司法書士協議会（青司協）の役員などとして司法

書士法改正運動に関わりました。時はまさに司法改革前夜です。当時は、埼玉訴訟の敗訴判決や日弁連と日司連のガイドライン協議策定案などがあり、また、後見制度創設のための準備が始まるなど、現代司法書士制度の転換期に当たります。

　江藤价泰教授や住吉博教授、香川保一元最高裁判事や松永六郎司法書士など、司法書士制度論の巨人たちから直接教えを受けた最後の世代の１人となります。

❖ ムーディーズの格付アナリストとサービサー制度の創設

　私は、90年代後半の不良債権時代、格付機関ムーディーズの格付アナリストとして不動産証券化格付の実務を行うようになり、不動産証券化のための信託契約書の内容の日本における基準を作り、初期不動産証券化の個別ディールの信託契約書を多数チェックするようになりました。

　また、サービサー制度の創設に関わり、第１号サービサーの設立時の法務コンプライアンス責任者や監査役を務め、不良債権処理のための信託契約書の作成などに関わりました。

　法務省の人々と証券化など新しい時代の実務のあり方を議論したことは懐かしい思い出です。当時は、まだ官民の境なく議論ができた時代でした。

　なお、97年から98年頃は、私は国際法務の仕事の関係で米国に滞在することも多く、米国のロースクールの授業なども受講していました。学校図書館は24時間開いていて、最寄りの大型書店も深夜まで営業しており、英米法の勉強の後、毎日書店に立ち寄っていました。当時の書店には、セキュリタイゼーション（証券化）と並んで、ファミリートラストやリビングトラスト、そしてエステートプランニングに関する書籍が所

狭しと並んでいました。私は証券化の中核である英米のトラストを勉強していたのですが、好奇心からファミリートラストの書籍を手に取ったことが、私と家族信託の運命的な出会いでした。

❖ 信託銀行の法務部長と信託法改正

　小泉規制改革時代、都市銀行の本店次長として法務コンプライアンスを担当し、さらに、信託銀行の法務部長、審査部部長、案件管理部長などを務めて、信託実務にどっぷりと浸かりました。

　そんなこんなとしているうちに信託法改正作業が始まりました。私は2004年に日本評論社から『証券化のリーガルリスク』という単行本を出して証券化のための信託実務のあり方を論じていたこともあり、信託法改正作業の一端に関わることができました。

❖ 民事信託・家族信託の開発

　信託法改正の後は、私の信託実務経験を活かして、もっぱら司法書士のための民事信託・家族信託の実務の開発に関わる傍ら、「金融法務事情」、「市民と法」、「登記研究」、「法律時報」などの法律雑誌にて信託実務を論じ、信託の実務書を7冊くらい出版させていただきました。

　また、私は、難病に生まれた我が子の子育ての経験や、同様に難病を抱えた子どもや障害児の介護に悩む人々との交流から、福祉型信託の実務化の必要性を実感してきました。この辺りの事情は、以前、法律雑誌である「金融法務事情」のエッセイに書いたことがあります[1]。

＊1　渋谷陽一郎「（法務エッセイON&OFF）子供とともに歩んだ民事信託の夜明け」金融法務事情2134号37頁。

❖ 民事信託支援業務の生成の歴史の生き証人

　民事信託支援業務の創成期における私と民事信託の生成との関係については、本研修の講義の中でもお話ししていきます。2007年の改正信託法の施行時から2024年に至る17年間にわたって、どのようにして、司法書士集団が民事信託支援業務の実務を開発し、普及させてきたのか、その動機や意図は何だったのか、民事信託生成の人間関係、対立抗争や遺恨はどうだったのか、などをつぶさに見てきたという意味で、私は、民事信託生成の裏面史を知る歴史の生き証人と言えるかと思います。

　私は、日本における不動産証券化の実務の生成、そして、本邦サービサー制度の生成に関わり、また、簡裁訴訟代理に至る司法書士法改正のための運動にも関わることができましたが、その後、さらに、ゼロのスタート地点から民事信託・家族信託の生成に関わることができたのは、誠に幸運なことでした。

❖ まだまだ信託の専門家とは言えないが……

　私は、信託専門の弁護士、信託業界の諸先輩、信託法学者の人々らと議論させていただく機会も多いのですが、信託の専門家と呼ばれる人々は40年くらい信託に関わっていることが多く、その意味では、25年くらいの経験しかない私は、まだまだひよっこの勉強途上にある身で、皆さんの前で偉そうに信託を講釈するような立場ではありません。

　ただ、民事信託・家族信託と営業信託・商事信託の実務の双方を経験していることから、司法書士の世界の中では、まあまあ信託を知っているのではないかということで、本日は信託の講師として呼んでいただいたということです。講師としては力不足なのですが、なるべくわかりやすく、一生懸命にお話ししますので、よろしくお願いします。

家族信託を知らずに相続相談は受けられない

❖ 高齢者にとっての「相続」の悩みとは？

2024年から**相続登記が義務化**されたことで、全国で相続登記の説明会や相談会が開催され、司法書士が引っ張りだこになっています。

ところで、相続登記の相談会といえども、当事者らは、**その前提たる相続について迷っている**ということが少なくありません。

たとえば、被相続人となる高齢者やその家族が、将来どのようにして財産を使っていくのか、承継させるのか、税金はどうなるか、種々の特例は使えるか、生前贈与はすべきか、といった基本的なことです。

そして、相続に至るまでの期間、被相続人となる高齢者の老後の財産管理はどうするか、という問題もあります。そのとき、その高齢者に子どもがいるか、配偶者は生存しているか、信頼できる親族はいるか、財産に不動産が含まれているか、施設入所の可能性、空き家を生じるか、親族の中に障害のある人が含まれているか、その他様々な情況に応じて、相談を受ける司法書士は的確な助言を与える必要があります。

❖ 相続登記の前提としての相続の相談

登記の専門家である司法書士であっても、単に登記手続を知っているというだけでは、街の人々の相続や財産管理を巡る相談に乗ることはできません。

登記の手続的な相談は、最後の最後の段階のものですし、シンプルなものであれば、本人のやる気次第で自ら勉強して理解することが可能で

す。

　しかし、**相続登記の前提となる実体法の解釈や法制度の選択など**の問題は、非専門家である市井の人々にとっては、いくらネット等で勉強しても難しいでしょう。

　たとえば、高齢者が存命中の財産管理をどうすべきか、その先の財産承継をどのように考えておけばよいのか、どうしたいのか、どんな方法があるのか、後見、遺言、信託など**法技術のメニューの選択**をどのように行うべきか、仮に信託を用いた場合に相続税や譲渡所得税などはどうなるのか……。それらのことに対して交通整理をして、相談者に対して正しい方向性を示せるような助言をする必要があります。

◇高齢者本人とその家族の心配事◇

■高齢者本人とその家族の心配事がある→司法書士に相談したい

> **Q**
> これから財産をどのように管理していくか
> どのように財産を承継させていくか
> 税金の負担はどうなるか
> 家族構成に応じてどうすべきか
> 介護施設に入所したらどうなるか
> 空き家になったらどうなるか　etc.

▼

「相続登記の相談」は「相続の相談」が前提となる。

▼

総合的に交通整理をして、その後の方針を決めるための選択肢を漏れなく示してもらいたい！

◇相続の相談と相続登記の相談の例◇

相続の準備：被相続人とその家族から、遺言や家族信託などの相談

▼

実際の相続：相続人から遺産分割等の相談

▼

相続登記：相続登記手続の相談

❖ 司法書士は財産管理の専門家

　家族信託がメディアで紹介され、一般の人々にも普及している現在、「相続対策として家族信託を使った方が良いのでしょうか？」という相談を受けることも、決して稀なことではありません。

　このような質問に対して、司法書士は、自らを相続や財産管理の専門家であると言う以上、「家族信託のことは知りません」という言い訳は通用しません。きちんと、家族信託を使える場面かどうか、家族信託を使うべきかどうか、家族信託を使わない場合にはどうなるか、などについて回答する必要があります。

　司法書士は手続屋さんではなく、相続や財産管理の専門家として、街の人々の良き相談相手となることが期待されているのです。

❖ 相続と信託の関連知識は必須

　司法書士は、相続の相談会において、相談者の話を整理して、相談者の置かれた状況に応じて考えるべき事柄を整序して、法的に問題となることを抽出し、わかりやすく説明してあげることが必要です。その際、相談を受ける司法書士は、**相談者が置かれた状況の問題解決に役立つ、多様なメニュー**を持っていなければなりません。そうでないと、法技術

の選択と使い方などに関して、適切な助言を行い、相談者にとってのヒントになるようなことを伝えることができません。

そのためには、信託を学び、信託と相続との関係、信託と遺言との関係、信託と遺産分割協議との関係、信託と遺留分との関係、信託と親族法・相続法との関係などについて、正確で深い知識が必要になります。

仮に、信託を使った方が良い状況であるにも関わらず、司法書士が、相談者に対して、信託の利用可能性や、そのメリット・デメリットを助言できなかったとすれば、それは相談者から信託を利用する可能性を奪ったことになり、**相談時における助言過誤の不法行為として評価される**こともあります。

◇相続相談に必要な知識◇

相続を巡る法律相談

必要となる知識の例（相談者が知りたいこと）
Q 家族信託と遺言の関係（優劣を知りたい）
Q 家族信託と遺産分割協議の関係（適用範囲を知りたい）
Q 家族信託と遺留分の関係（優劣を知りたい）
Q 家族信託と相続税の関係（減税特例は適用されるのか）

❖ 家族信託は相続のための法技術の一つ

家族信託は、相続のための一つのメソッドであり、相続制度を補充・代替することで、本人やその家族にとってより良き資産の承継を実現するための法技術でもあります。家族信託は、遺言の効果を代替することもでき、併せて資産保有者である本人の老後の財産管理もすることがで

きるという、大変機能的かつトータルな法技術です。

　今の時代、**家族信託の機能やその仕組みを知らずして、相続の相談に乗ることはできない**、と言っても過言ではないでしょう。

❖ 令和6年1月10日登記先例

　信託登記を巡る令和6年1月10日付け法務省民事局民事第二課長回答に関する登記研究915号144頁の解説では次のように言われています。

> 本件事例のような民事信託は、相続手続によらずに財産管理を円滑に行うための一つの方法であると考えられる。令和6年4月から相続登記の申請義務化が施行されることを踏まえると、今後、本件事例のような信託登記も増えてくると考えられ、このような登記申請に対し適切に対応していくことが求められる。

　ここでは、相続登記の義務化に伴い民事信託が増加するであろう、という認識が明確に示されています。

❖ 日本の法技術はアメリカ化しつつある

　アメリカでは、相続も後見も、その多くが家族信託で代替されていますが、日本もアメリカ化しつつあるということができると思います。もちろん、日本とアメリカの相続制度は全然違うものなのですが、家族信託の普及という意味では、日本がアメリカに30〜40年遅れて、後を追っているイメージです。

本書で用いる言葉の定義

❖ 定義の複雑さに惑わされない

本書で用いる民事信託やら家族信託やらの用語の定義の解説をしておきましょう。福祉型信託やら個人信託やらの言葉もあり、わかりづらく、複雑なところです。

たとえば、「商事信託」という用語と「営業信託」という用語は、微妙に意味が異なります。あまり多くの言葉の定義を一度に説明しても混乱するだけなので、今は「民事信託」と「家族信託」という言葉の定義だけ、しっかりと押さえておいてください。

❖ 非営業信託としての「民事信託」

本書では、「民事信託」という概念を、**信託引受けが受託者の営業ではない非営業信託**という意味で使用します[*2]。それは、業としない信託であり、信託業法の適用されない信託です。

ここで言う業とは、財産管理を行う受託者として信託を引き受けることが、営利を目的とし、対価関係にあり、反復継続性があることです。信託銀行や信託会社、そして、金融機関でも信託兼用のところが想定されます。業とした信託を行うためには、金融庁からの許可や業務遂行の監督が必要であり、定期的に検査もあります。

[*2] 四宮和夫教授は、民事信託（非営業信託）と表現して、民事信託を非営業信託と同義に用いており、民事信託に対して信託業法、兼営法は適用されないと説明している（四宮和夫『信託法』45-46頁（有斐閣、1989年））。

❖ 民事信託支援業務

「民事信託支援業務」という名称は、私が2017年の春から「民事信託支援業務に未来はあるか」というタイトルで雑誌「市民と法」に連載を始める際に考案した造語です。

造語時における私の発想では、「民事信託支援業務」とは、**司法書士が、司法書士法3条1項各号業務を中核として、その周辺業務を含めて、代理型ではなく、本人（信託当事者）との二人三脚による側面からの支援型で行うことを意味し**[3]、個々の書類作成や登記代理等の一群の受任業務を総称しています[4]。

❖ 「家族信託」の二つの定義

家族信託という用語は、「家族のための信託」という意味で使用すれば営業信託でもあり得ます。しかし、本書では**「家族による信託」**という意味で用います。それゆえ、本書での家族信託の意味は、**委託者、受託者、受益者の全てが親族によって構成される信託**として用います。

このような用法の下では、家族信託は、民事信託の一つの分野である、ということができます。その場合、家族信託という概念は、民事信託と

---

[3] 和歌山訴訟控訴審判決（大阪高判平成26年5月29日民集70巻5号1380頁）や高松高裁判決（高松高判昭和54年6月11日判時946号129頁）は、裁判事務における事件管理型の包括受任に消極的であるように見えるが、信託を含めた現代的法技術とそれに対する利用者の要望は、事件管理型の業務方法として展開しつつある。

[4] 日本司法書士会連合会執行部は、第82回日司連定時総会の答弁として、民事信託支援業務に関して「登記業務については3条業務、信託管理人のような一定の地位に就いて行うものは31条業務、その他の業務については、他の法令上制限がない限り誰でも行うことができる業務など、多種多様な業務の組み合わせである」としている（月報発行委員会「REPORT 第82回日司連定時総会」月報司法書士570号72頁）。

いう概念の中に含まれることになります。

　要するに、民事信託と家族信託は、決して、同一の概念ではなく、家族信託の用法の選択に応じて、その一部が重なる（含まれる）ことになります*5。

◇民事信託と家族信託の関係◇

❖ 司法書士集団における家族信託という言葉の使用

　私がはじめて「家族信託」という用語で信託が説明された論稿を読んだのは、1998年の東京司法書士会の会報に掲載された英国の法律家によ

---

*5　渋谷陽一郎「金融機関のための民事信託の実務と法務（第4回）　民事信託とは何か」金融法務事情2087号64-65頁。家族という概念は憲法上の概念であるが（憲法24条2項）、現行民法では使用されていない。旧民法の家長の下、いわゆる家族の人権を制約していた家制度を構成する中核概念であったからであろう。そのような観点からは、「家族」という概念の使用には、センシティブな側面があるかもしれない。なお、現行民法上の概念であれば「親族」となる。家族信託の組成実務では、原則として、何親等までの親族である必要があるかは問わないが、金融機関や証券会社の「信託口」口座の開設や信託貸付等において親等の要件が設けられる場合がある。

る講演録です[*6]。

当時、そのような講演も、司法書士の成年後見支援のための準備・研究活動の一環でした[*7]。

❖ 家族信託という名称の普及

その後、「家族信託」という用語は、信託法改正作業前から新井誠教授の論稿にて使用されていました。

信託法改正作業前後には、星田寛氏の論稿によって「家族信託」という言葉が信託実務家の間で周知されたように思われます（この段階までは信託法分野における専門用語であったと分析できます）[*8]。

2013年には遠藤英嗣公証人（当時）による『新しい家族信託』が出版され、「家族信託」という言葉が一般用語化する契機となったように思われます。

家族信託それ自体が内包する問題点も少なくありませんが[*9]、それらは、これからの講義の中で、その都度説明していきたいと思います。

＊6　デビット・ヘイトン「高齢社会と信託」会報司法の窓90号118-123頁。

＊7　私は1995年頃まで同会報の編集委員を務めていた立場から、その間の事情を推察している。筆者の編集として例えば松永六郎＝佐藤義人＝渋谷陽一郎「(鼎談) 司法書士補佐人を考える」会報司法の窓83号があるが、1995年当時、喫緊の課題は、民事訴訟法大改正への対応であり、次の課題として成年後見制度の創設へ向けての対応があり、その一環として家族信託が研究された。なお、前者の活動は、その後、簡裁訴訟代理の許容に繋がることになったことにつき、松永六郎＝渋谷陽一郎「簡裁代理はなぜ認められたのか」市民と法86号64頁。

＊8　平成17年に発表されたバーバラ＝R＝ハウザー（新井誠＝岸本雄次郎共訳）「米国における今日の家族信託（Family Trust）の利用状況」信託224号33頁では、Family Trustが「家族信託」とされ、Trusts for Family Petsが「ペット信託」とされている。2007年の星田寛「自分と家族のための家族信託の検討」信託229号401頁は、「家族のリスク管理のためにも、一家族に一つの家族信託の設定を提案したい」としている。

＊9　信託の利用が高齢者の身上監護の側面の軽視につながるおそれがあり、また、受託者義務を緩和した親族間信託は「身内の財産管理」として信託制度の否定であるという指摘がある（新井誠『信託法（第3版）』504頁、506頁（有斐閣、2008年））。新井誠教授は、民事信託のうち、親族を受託者とする家族信託には、受託者の義務を緩和してしまえば、それは「「身内の財産管理」に過ぎず、信託制度の否定に他ならない」と指摘していたが（同書506頁）、そこに家族信託のリスクの源泉がある（受託者の義務の緩和という指摘に注意したい）。「甘えの構造」を内包した日本の家族内で、「信託」の効果（特権）に値するような規律ある客観的な財産管理は可能なのか、というテーマに関わる（我が国では家庭裁判所に監督される親族後見でも不正が頻発した）。なお、新井誠教授は、近年における親族による民事信託の普及に対して、現実論として、必ずしも全てを否定するのではなく、いかにして信託の規律を維持するのか、という工夫の重要性を強調している（新井誠「民事信託の現状と展望〜司法書士界の課題〜」月報司法書士530号8頁）。

信託の意思凍結機能

信託の意思凍結機能とは、新井誠教授が初めて提唱された言葉であり、概念です。認知症対策の信託の生成を支えてきた理論の礎となったものですので、ここで少し触れておきたいと思います。

信託が設定されることで凍結される意思とは、信託の目的を設定し、信託する財産を拠出する者である委託者の意思です。信託によって、判断能力が健常であった時の委託者の意思が凍結されることで、信託が設定された後に、委託者の判断能力が喪失したり、委託者が死亡したりしても、委託者の意思が化体した信託の目的の下、安定して信託が機能し続けるわけです。

民法上の委任契約に基づいて授与された代理権は、その後、委任して代理権を授与した者が判断能力を喪失した後も、継続して、安定的に持続するか否かという有名な論点には争いがあるのですが、新井誠教授は、信託を用いれば、委託者の意思が凍結されて、安定的に持続すると主張されてきたわけです。

2限目

家族信託は他の制度と何が違うのか？

後見制度との使い分け

❖ 認知症対策のための法技術

　高齢化が急速に進み、**高齢者の認知症問題**は社会問題となっています。今では、後見人となる司法書士の数が足りない地域もある状況です。

　認知症対策としては、**民法上の委任・代理、法定後見、任意後見契約、そして信託**という各法技術のメニューが存在します。財産管理の専門家である司法書士は、それらの法技術に精通している必要があります。

　全ての司法書士が、それらの法技術のメリット・デメリット、効果や影響を比較し、相談者が何を選択すべきかについて的確に助言する必要があることは言うまでもありません。

◇認知症対策のための法技術の使い分け◇

❖ 後見制度の悪口を言う必要はない

　民事信託支援業務を行う司法書士の中には、成年後見制度の悪いところばかりを言い募り、貶め、成年後見制度を使うと大変なことになると

いうことで、相談者に対して家族信託を強引に勧める人々もいるようです。情報提供やリスクの説明は必要ですが、専門家による一種の脅しのような推奨方法は、消費者問題であると指摘される場合があり、品位保持義務違反あるいは不当誘致などの声もあります。

　問題は、必要もないのに、拙く信託を組成してしまうことです。

　最近は利用者からの苦情も多く、司法書士会等でも問題になることが多いので、今後の懲戒規律の動向などに注意したいところです。

　さらには、家族信託の組成に絡んでの紹介料問題も話題になっています。一部の司法書士によるなりふり構わない事件集めは、十数年前の債務整理バブルの狂乱を彷彿とさせると指摘する人もいます。

❖ 後見と信託は異なる制度である

　ところで、**成年後見と信託は異なる法制度**です。それぞれ意味と機能が異なります。

　ですから、信託が良いというために、みだりに後見制度の悪口を言うことは間違っています。それでは、コカ・コーラが良いか、ペプシコーラが良いかといった商業広告と同じになってしまいます。

　家族信託を使うにせよ、それなりの労力や手間やコストがかかりますし、家族信託の必要性の有無は、財産の種類や状況、その家族の事情などに応じるものです。**何でもかんでも信託を使えば良いというわけではありません。**

❖ 後見と信託は選択肢の問題である

　同じ認知症対策といえども、**後見制度との使い分けが重要**であって、その場面、場面に応じて、後見制度と比較することで、家族信託を使う

必要があるか否かが判断されるものです。

そのためには、家族信託の仕組み、機能、効果などを正確に知っておく必要があります。

単価が高いと言われる組成報酬目当てのために（そのような報酬額の適正・適切さ自体が問題なのですが）、信託の必要性がないにも関わらず「とりあえず信託しましょう」などと勧めるのでは、消費者問題であると告発されてしまうでしょう。

❖ 後見と信託を使い分けられるようになること

ですから、後見なのか信託なのかという問題は、あくまで法制度や法技術の違いであって、利用者の置かれた状況から来る必要性や相当性に応じた選択となります。後見制度を悪の制度であるとして批判する必要は毛頭ありません。後見制度に真摯に取り組む同職を貶めるというプロフェッションとしては失格の行為となります。

とにかく、家族信託をしっかりと学び、正確に理解したうえで、認知症対策などの観点から、**後見制度との違いをしっかりと説明してあげる**ことが重要です。

❖ 後見のためにも信託を知る必要がある

逆も真です。信託という代替手法が普及した現在、ある司法書士が信託を知らず後見だけ知っていて、信託が使える状況にあるにも関わらず、信託利用の可能性を知らせないというのも、利用者に対する助言ミスとなり得ます。

現在の司法書士は、私が最初に司法書士となった30年前の司法書士とは異なり、後見も信託も、共に勉強しておく必要があるわけです。

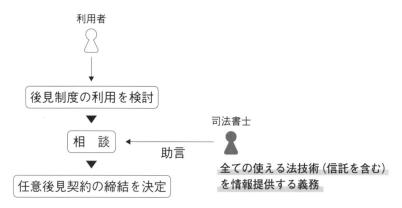

❖ 代理ではない支援者としての情報提供義務

　社会も、それを支える法技術も複雑化し、多様化しています。司法書士は、あくまでも支援者、助言者の立場ですので、相談者の判断を代わって行い、指導し、誘導することはできません（それは代理です）。

　それゆえ、司法書士は、**本人が適切な判断をするために、**法技術の選択肢に関する情報を全て提供し、それぞれのリスクを的確に説明する必要があるのです。

民法上の代理や委任との違い

　認知症対策のために民事信託を利用すると、どのようなメリットがあるのでしょうか。

補助レジュメ

認知症対策として民事信託を利用するメリット

- ☑ **賃貸物件の運営**を継続できる。
- ☑ 建物の建築や**修繕工事**を発注できる。
- ☑ タイムリーに不動産を売却できる。
- ☑ 融資や金利変更など、金融取引の合意・変更が可能。
- ☑ 財産を家族のために使用できる（家族を受益者とした場合）。
- ☑ 受託者の権限内で**相続対策**を継続できる。
- ☑ 事業や投資を継続できる（受益者保護の観点から可能な限度を定めた範囲において）。
- ☑ **不動産の共有化**を回避できる。
- ☑ 認知症である配偶者の次の相続を考慮しての**承継者の指定**ができる。
- ☑ **争族対策**となる（推定相続人全員が賛同する場合）。

　これらメリットといわれる項目の中には、それほど簡単に実現するものではない場合がありますので、この講義を聴いている皆さんは、十分に注意しておいてください。

❖ 認知症対策の生前信託

今、民事信託を利用するメリットと言われることの一つは、資産保有者や事業経営者が**認知症を発症しても、資産や事業が塩漬けされるリスクを最小化できる**ということです。信託の委託者となる本人だけではなく、その配偶者の認知症という問題もあります。

❖ 本人の意思代替機能

民事信託の機能は、**特定の財産の管理・処分等**です。

承継機能もありますが、当該財産の契約に関する署名と印鑑を代替するともいえるでしょう。過去、営業信託では、あまりに当然のこととして意識されなかった側面です。受託者の本人代替的な機能が着目されることで、認知症対策というパラダイムチェンジを生じ、民事信託の普及の契機となりました。

❖ 代理制度との対比 —— 人に対する制度なのか、物に対する制度なのか

信託における本人の意思代替機能は、民法上の代理と比較されます。

代理の場合、本人が死亡すれば、代理人の地位も喪失します。

これに対して、信託の場合、**本人が死亡しても、受託者の地位を喪失しない**のが原則です。信託は、**人に対する制度**ではなく、**物（財産）に対する制度**だからです。

同様に、信託の場合、本人が認知症に罹患し、あるいは本人が後見開始の審判を受けた場合でも、受託者の地位を喪失しないのが原則です。

任意後見の場合、任意後見人の死亡で終了しますが、信託の場合、受託者の死亡では終了しません（終了まで1年の猶予があります）。

❖ 遺産承継の手続の簡便化

認知症対策の民事信託の場合であっても、**本人の死亡時における遺産承継の機能**を有します。

その場合、信託財産に関しては、遺言執行手続や遺産分割協議手続が不要となります。それら手続の省略によって、相続人間の争族を回避できる場合があると言われることがあります。

❖ 家族信託のデメリットも忘れてはならない

家族信託にはデメリットもあります。それは**信託の悪用の危険**であり、また、**受託者の権限濫用や不正のリスク**です。

これらのリスクが顕在化すれば、信託の利用を端緒として親族の関係や生活の土台を崩壊させてしまう危険を生じます。

ですので、家族信託のメリットばかり吹聴する士業者やコンサルタントは信用できないと言われています。

❖ 委任・代理との違い

民法上の委任・代理と比べた場合、最大の違いは何でしょうか。

◇委任・代理と家族信託◇

■民法上の委任・代理 ＝ ■本人に所有権が留まる ＝ ■本人も所有権を行使できる

■家族信託 ＝ ■本人が所有権を失う ＝ ■本人は所有権を行使できない

> **補助レジュメ**

委任・代理との違い

【民法上の委任・代理】

◆権限の所在＝財産の所有権は本人の元に留まる。

（例）不動産の売却を委任して、受任者に代理権を授与

⇒☑代理人は権限を行使できる＋☑本人も権限を行使できる

◆本人（委任者）の死亡＝終了。※死後事務委任の例外あり（最判平成4年9月22日）。

【信託法上の家族信託】

◆権限の所在＝財産の所有権は受託者に移転する。

（例）不動産を売却するために受託者に信託した

⇒☑受託者のみが権限を行使できる

◆本人（委託者）の死亡＝終了しない。※終了すると定めることもできる。

　民法上の委任・代理は、代理人が権限外の行為を行った場合、原則として本人には効果が帰属しません。

　しかしながら、信託の場合、受託者が信託財産のための権限外行為を行った場合、原則として、その行為の効果は本人にも信託財産にも及んでしまいます。これは、本人が高齢者や障害者であることが多い家族信託にとって恐ろしいことです。

　その後は受益者取消権での取消し、あるいは損害賠償や原状回復の可能性が残されます。受益者が認知症患者である家族信託では、受益者の救済手段をどうやって確保すべきか、よくよく考えるべきポイントです。

2限目　家族信託は他の制度と何が違うのか？

認知症対策の任意後見契約と家族信託

　高齢者の認知症対策として用いられる法制度には、どのようなものがあるでしょうか。

補助レジュメ

高齢者の認知症対策

◆高齢者の認知症対策の「準備」として用いることができる制度

　　☑　任意後見契約

　　☑　家族信託契約

　　⇨どちらを用いるのか／併用するのか

　　　※両者の優劣はどのような点なのか、よく検討したい。

　　⇨双方の契約の性格、機能、利点、欠点などをよく知っておく必要がある。

◆すでに認知症が進行してしまった高齢者の認知症対策として用いることができる制度

　　☑　法定後見制度（成年後見制度）

❖ 範囲の問題と自由度の問題

　任意後見契約の方が、家族信託よりも本人保護の**範囲が広い**ことは言うまでもありません。任意後見は、信託のような特定の財産に対する管

29

理処分の仕組みではなく、本人に対する代理制度だからです。

しかし、**財産管理の方法の自由度が高いのは家族信託**です。

❖ 家族信託と任意後見契約の併用

最近は、特定の財産に関して家族信託を設定して、同時に任意後見契約を締結する事例もあるようです。この場合、任意後見契約を最終的に発効させるに至らない（任意後見監督人を選任するに至らない）場合もあると聞きます。

もっとも、本人が認知症に罹患した後、まんがいちの場合、任意後見契約が存在しないと、さらに財産管理の自由度が限定される法定後見制度を利用しなければならなくなります。

要するに、任意後見契約を、**法定後見の利用を避けるための保険**の意味で、家族信託に併用して利用しているということなのでしょうか（かような利用法には賛否両論あるとは思います）。しかし、併用を勧める人は、任意後見契約を発効させることが前提であると言います。

❖ 併用のコスト

家族信託と任意後見契約を発効させての両制度の併用を勧める司法書士も存在するようです。しかし、両制度の併用は、利用者にとってはコストがかかり、手続が重くなり、さらには、司法書士業務を増やすために助言しているのではないかとの不信感を抱かれる場合もあります。家族信託一つだけでも、利用者にとっては重い手続だからです。

また、柔軟な財産の処分などの必要性がある特定の財産に対して家族信託を用いていれば、円満に暮らしている仲の良い家族の場合、任意後見契約は必要ないこともあります（もちろん、家族信託の利用も円満な

家族の存在が前提となります)。

これはケースバイケースなので、税務面のリスクなども含めて、具体的によく考えてみる必要があります。

❖ 円満な家族の存在

金融資産の場合、任意後見契約がなくても、家族がその管理を事実上代替することも可能です。そのため信頼できる家族が存在すれば、介護施設への入所の場面などで、家族が本人に代わって権利を行使することもできるでしょう。

もちろん、家族信託と任意後見契約を併用すれば、司法書士にとっては二重の手続報酬となり得るので、司法書士業務の金儲けには良いでしょう。

しかし、本当に良心的な司法書士であれば、利用者の立場に立って、**両制度を併用するという重い手続が必要なのか否か、よく検討する**はずです。もちろん、個別事案に応じて、本当に併用が必要と判断したのであれば、きちんと助言すべきです。

任意後見契約とは何か

❖ 法定後見と異なる任意後見

　本研修を受講している司法書士試験の合格者や司法書士実務家の方々には、民法上の法定後見制度を説明する必要はないでしょう。いわゆる成年後見である法定後見制度については、司法書士試験の受験勉強で勉強してきましたし、試験合格後の司法書士会での研修会や成年後見センター・リーガルサポートの研修会などでも勉強しているでしょう。

　ですので、ここでは、法定後見とは異なる任意後見契約の制度について、若干の説明をしておきましょう。

❖ 任意後見は契約制度

　任意後見制度とは、**本人の判断能力があるうちに信頼できる後見人を**選び、将来、認知症の罹患等によって判断能力が衰えるような状況を想定し、その場合の生活面の契約行為（介護、福祉、医療、住居、趣味嗜好等の生活面に関する契約行為）や財産の管理・処分に関する支援について、あらかじめ契約しておく制度です。

　本人は、任意後見人を自由に選べ、その報酬も自由に決められます。

❖ 任意後見契約と公正証書

　また、任意後見人に何をしてほしいかを、本人の判断能力があるうちに**代理権目録**に記載しておきます。このあたりは公証人だけではなく、専門職の支援が必要なところです。

近年は、**指図書の活用**も注目されています。任意後見契約は、親子間で結ぶ場合が多いのですが、公正証書で行うことが必要です。

家族信託では生活面の契約行為等に対応できないので、認知症患者の人権保護のためには、民事信託と任意後見契約との併用が推奨される場合がありますが、そのコストに対する配慮も必要でしょう。

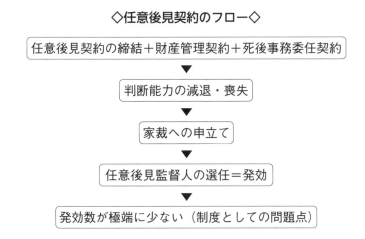

◇任意後見契約のフロー◇

任意後見契約の締結＋財産管理契約＋死後事務委任契約
▼
判断能力の減退・喪失
▼
家裁への申立て
▼
任意後見監督人の選任＝発効
▼
発効数が極端に少ない（制度としての問題点）

❖ **任意後見監督人の選任**

任意後見制度は、将来、本人の判断能力が衰えてきましたら、家庭裁判所に対して任意後見監督人の選任を申し立て、家庭裁判所が任意後見監督人（専門職）を選任します。**その選任をもって任意後見契約の効力が発生する**仕組みです。

任意後見人の不正防止のため、任意後見人は任意後見監督人に報告を行い、任意後見監督人が家庭裁判所に報告を行います。

❖ 任意後見人の指定

任意後見制度の利用のためには、その契約締結時点では**本人の意思判断能力**が必要です。要するに、**認知症の症状が進行してしまう前でなければ利用できない**制度であり、その点は信託と同じです。本人は、任意後見人を自由に選択できるので、任意後見人に指定されるのは親子が多いようです。

法定後見では、裁判所によって親子が後見人に選任されることは2割くらいであると言われますが（親族で約2割であり、その中に親子も含まれる）、法定後見の場合、独居老人、信頼できる親族が不在、親族と不仲その他の事情から、親族中に後見人の候補者がいない場合があることを考慮しておく必要があります。

❖ 任意後見の利用件数

任意後見は、まだ本人に判断能力がある時期に、代理権目録や指図書を用いて本人の希望を指図することができることから、意思尊重の制度であると言われます。それゆえ、先進諸国では任意後見制度が主流であると言いますが、日本では任意後見制度の認知度が低く、利用件数が低迷しています。

たとえば、2019年は任意後見契約数は約1万4,000件、発効数は約750件ということでした。

2限目　家族信託は他の制度と何が違うのか？

家族信託と任意後見契約の類似点

　家族信託と任意後見契約は似ているところがあると言われますが、どのような点が似ているのでしょうか。

補助レジュメ

家族信託と任意後見契約の類似点

☑　双方ともに契約である。

　※遺言信託や自己信託は認知症対策には使えない。

☑　本人の判断能力が健常のうちに準備する。

　※家族信託の方が、より高度な判断能力を要する。

☑　財産管理者である受託者や任意後見人を、本人が自由に選べる。

　※任意後見人を監督する任意後見監督人は自由に選べない。

❖ 任意後見も家族信託も契約である

　任意後見契約はもちろんのこと、家族信託も大多数は契約なので（遺言や宣言の場合もありますが）、契約を有効に締結するには**本人の判断能力**が必要です。

　最も重要なのは、**財産管理者として信頼できる者**がいるかです。

　任意後見契約の契約書作成は標準化されているため、それほど時間はかからないでしょう。ただし、どのような代理権を与えるのか、代理権目録を検討する必要はあります。

35

一方、家族信託の契約書作成は、事案の個性にフィットした契約を作る必要があるため、数か月かかる場合もあります。また、当事者が信託を理解する時間や、親族関係者間の合意形成にも時間がかかります。

❖ 保険としての任意後見契約

　任意後見の理解は、一般的な代理人に類似したものとして、比較的簡単であるといえます。それゆえ、時間のかからない任意後見契約を先行させて締結し、後から家族信託の契約を作っていくという実務の方法もあります。そうでないと、家族信託の契約を締結する前に認知症が進行し、手遅れとなってしまう場合があるからです。

　このような場合は、両制度の併用というのとは、少し違いますね。

◇家族信託と任意後見と法定後見◇

家族信託＝本人の判断能力が必要
▼
本人が受託者を決める

任意後見契約＝本人の判断能力が必要
▼
本人が任意後見人を決める

法定後見＝本人の判断能力が低下・喪失
▼
後見人は裁判所が決める

❖ 公正証書と家族信託契約

　任意後見契約は公正証書で作成しますが、家族信託も公正証書で作成

する場合が多いと言われています。家族信託では公正証書化は法的な要件ではありませんが、金融機関で信託口口座を開設したり、信託内融資を受けたりする場合には、公正証書化が必須となることが多いです。事後の紛争防止のためにも、公証人による委託者の判断能力の確認が重要となる場合があります。

　もっとも、その地域に信託をよく知る公証人がいない場合や、信託契約を支援する司法書士と特定の公証人との考え方が違ってしまい、その公証人の考え方では利用者のニーズから外れてしまう場合もあります。司法書士は、日頃から信頼できる公証人を探し、その公証人の考え方を知り、そして、その信頼関係を深めておくことが大切でしょう。

家族信託と任意後見契約の相違点

家族信託と任意後見契約が異なるのは、どのような点でしょうか。

補助レジュメ

家族信託と任意後見契約の相違点

①家族信託：受託者として業としての士業者を選ぶことはできない。

　任意後見契約：任意後見人として**士業者**を選ぶことができる。

②家族信託：公的機関の監督が存在しない。

　任意後見契約：**家庭裁判所**が関与する。

③任意後見契約：任意後見監督人の選任の申立てが必要となる。

④任意後見契約：第三者に対する半年内に１回程度の報告／年１度の収支・財産目録の提出／毎月１～５万円程度の**任意後見監督人報酬**が発生。

⑤任意後見契約：財産管理に任意後見監督人の承認が必要（財産管理方法の自由度が制約されうる）。

　　（例）**投資的運用**（株式や投資信託の購入など）、**融資を得ての運用**（アパート建築など）、**財産への担保設定**、自宅の売却などで一定の制限がありうる（承認に時間がかかる場合がある）。

⑥任意後見契約：任意後見人は、被任意後見人の**財産が減少する行為**（金銭の借入行為など）はしないのが原則。財産が減少しなくても、高額な財産の移転は後見監督人の判断を要する。

❖ 管理処分の範囲

家族信託は、予め定めた特定の財産のみが対象となりますが、任意後見契約は、代理権目録で定めれば、全ての財産が対象となり得ます。

家族信託では、たとえば、年金、農地などの管理はできません。任意後見契約であれば、介護の契約や事故への対応など、財産管理以外のことも可能であるわけです。それらの身上保護事務は、家族信託ではできないのが原則です。家族信託は基本的に、財産管理や処分、承継の指定等に限定されます。

❖ 家族信託と身上保護

もっとも、福祉型信託である家族信託・民事信託において、受託者はどこまでできるのか、とりわけ身上保護の領域については、その外縁が検討されているところです。

たとえば、受託者は、信託財産からの給付をもって、委託者兼受益者が入所している介護施設に入所料金を支払うことは可能でしょうが、そもそも、「受託者が入所契約の締結までできるのか？」という問題などについて検討されているようです。

これは、**信託目的の達成のために必要な行為の射程は何か**という問題でもあるでしょう。

❖ 任意後見契約と財産承継

家族信託では**財産承継者の指定**ができますが、任意後見契約ではそれができません。それゆえ、任意後見契約では遺言を併用するのが一般的です（家族信託でも、信託すべき対象財産が限定されるので、遺言を併用する実務もあります）。

家族信託の受託者と任意後見人の同一

　家族信託の受託者と、信託の委託者兼受益者となる本人に対する任意後見契約の任意後見人が同一人であることの可否について、これまでの議論の推移は次のとおりです。

補助レジュメ

受託者と任意後見人が同一人であることの可否

○2013（平25）年頃〜

　本人保護という同一の目的であり、兼任可能であると言われていた。

○2015（平27）年頃〜

　受託者と受益者の任意後見人が同一であると、受託者に対する監督ができず、それは受託者の利益相反となるとして、兼任は否定される意見が多数を占めるようになった。

○2018（平30）年頃〜

　家族信託や任意後見契約の構成要素である親族の少なさ（信頼できる者の少なさ）という問題から、弁護士を中心として、受託者と任意後見人の兼任を肯定する意見が増えてきた。

○2023（令5）年頃〜

　無条件で兼任を認めるのではなく、一定の条件の下、受託者と任意後見人の兼任を許容する見解が、実務家の中での有力説。

❖ ポイントは発効後の任意後見監督人

　現在は、任意後見契約の発効時に任意後見監督人が選任されるのですから、受託者と任意後見人の兼任が利益相反となるような局面では、任意後見監督人が任意後見人に代替して行為を行う、あるいは、任意後見監督人が受託者を監督できるので、受託者と任意後見人との兼任が許容されるという考え方が有力です。

　このような説に従えば、信託監督人の選任という任意後見契約の発効を要することになるわけです。

◇受託者と任意後見人が同一人◇

委託者兼 受益者	──家族信託──	受 託 者

法務太郎

任意後見契約

任意後見人	←──監督──	任意後見監督人

法務太郎

3限目

どうして家族信託を使うのか？

家族信託を利用する理由

　家族信託の利用者が、家族信託を利用しようと考えた理由として、次のような事項があります。

補助レジュメ

家族信託を利用した人々の理由・動機

◆**営業信託（信託銀行等）では受託してもらえない。**

　信託銀行や信託会社には、金融庁の検査を念頭に置いた受託基準があり、基準に満たない財産は信託引受できない。特に不動産の受託基準は厳しく、遵法性（建築基準法、消防法等）や安全性（塀・看板等）、耐震構造（旧耐震は耐震補強等）、権利関係（担保等）、紛争性など、多くの審査項目がある。収益性のない自宅はより難しい。

◆**運営コストが低い。**

　信託銀行ではなく家族が信託を運営するので、コストが低い。

◆**家族内のことは家族内で完結させたい。**

　法定後見や任意後見契約だと外部からの関与がありうる。

◆**裁判所の関与を避けたい。**

　後見制度を利用した場合、家庭裁判所の監督があり、定期的な報告や許可等を求められる。

◆**融資を得てアパート等を建築するなど、収益不動産の収益性を向上させたい。**

後見制度を利用すると実施が難しいと言われる。

◆投資的運用や相続税対策等の積極的財産管理をしたい。

後見制度を利用すると実行が難しいと言われる。

◆自宅の売却や担保設定等をしたい。

後見制度では困難または時間がかかると言われる。

◆士業者やコンサルタントに勧められた。

とりあえず家族信託をやってみたいという士業者等も多い。

　家族信託の利用の理由としては、営業信託との比較、そして、後見制度との比較から検討した結果、家族信託を選択したという人々が少なくありません。米国における家族信託の普及も、そもそもは裁判所の相続手続であるプロベート（相続の検認手続。日本における遺言の検認とは異なり、相続人や相続財産を確定するための裁判所の公開手続です。）や後見制度を避けるためであったと言われます。

◇家族信託を選択する理由◇

本人と家族の不安と希望

▼

司法書士による助言（情報提供・リスク説明）

▼

・財産の積極運用　　・低コスト化
・家族内での完結　　・タイムリーな売却
・他人や裁判所の回避　・他制度が使えない

❖エステートプランニング

　米国の家族信託は、手続回避に留まらず、家族の財産管理・承継計画をトータルかつシームレスで自己決定するエステートプランニングの中核として、独自の存在感を示しています。

　もっとも、米国は日本のような包括承継を生じる相続制度ではなく、相続人間の遺産分割協議などは制度化されていません。被相続人の死亡によって、死んだ人の財産は財団化され、裁判所の管理の下、執行人が公開の手続によって、年月をかけて相続人の範囲や債権債務関係を確定し、清算していきます。

　そのようなコストのかかる公開手続を嫌って、米国の多くの家族は家族信託を組成しています。同様に、公的に自分の無能力が宣言されるような後見手続の利用も嫌われているようです。

　米国では、結婚した時、子どもを出産した時など、家族形成の早い段階で家族信託を設定する場合がありますが、公的な社会保険制度の不完全（老人医療費の高額さ）なども、その背景となっているものと推察されます。

家族信託を選択した方が良い場合

家族信託を利用した方が良いと言われる事例は、どのような場合なのでしょうか。

補助レジュメ

家族信託が推奨されてきた事例

◆不動産の**賃貸経営を継続**したい場合。

◆高齢者が、これから**アパート等を新築あるいは建て替えて賃貸経営を行いたい**場合。

◆将来、不動産の**大規模修繕やタイムリーな売却**が必要な場合。

◆不動産を用いた**相続税対策**を継続したい場合。

◆**資産運用**を継続したい場合。

◆不動産について、**次の次の世代の承継者までを決めておきたい**場合。

◆受託者となることをお願いできる**信頼できる親族**が存在する場合。

◆長期間の信託事務を継続できる、**地道で真面目な事務仕事に向いている受託者が存在する**場合。

◆**親族間（推定相続人間）の関係が良好**であり、信託内容に対する合意が成立している場合。

◆親族間で信託の規律を守り、財産の着服などの**不正を行わない自信が**ある場合。

◆**士業者からの管理や裁判所からの監督に不安がある**場合。

48

◆財産管理を**自らコントロール**したい場合。

◆任意後見による認知症対策や遺言による相続対策の**狭間を補充**したい
場合。

◆将来の相続や財産管理について**早めに親族の間で話し合い**たい場合。

◆親族間で合意形成のうえ、**資産承継者の指定**もしたい場合。

◆財産管理に対して**毎年の継続的な出費**を抑えたい場合。

❖認知症対策

　近年、家族信託が普及しているのは、主に認知症となる不安感からで
あると言われています。認知症対策としては、後見制度があり、あるい
は営業信託もあります。

　営業信託に対しては、コストの問題があり、また、金融庁の遵法性と
いう方針からくる間口の狭さがあると言われます。個人の不動産を受託
する信託銀行・信託会社の数が極めて少ないという事情もあります。

❖財産の積極運用の可否

　後見制度の比較からは、第三者の関与という問題と共に、**財産の積極
運用ができるか否か**、という問題が大きいのではないでしょうか。ある
特定の財産（たとえば不動産）に関して、その財産の積極運用（処分を
含む）を行いたいのであれば、家族信託を選択することがあります。

❖必要がないのに家族信託をしてしまった事例

　司法書士の立場としては、客観的には家族信託を使う必要性が全くな
いのに、組成報酬欲しさのために家族信託を作ったと言われてしまうこ
とが、一番恥ずかしいことです。

家族信託の優れた機能

　家族信託が優れていると言われてきた機能としては、どのようなものがあるでしょうか。

補助レジュメ

家族信託の優れた機能

◆**親が認知症になっても財産の管理、運用、処分ができる。**

◆家族の個性に応じて、**契約を自由に作ることができる。**

◆公的監督や第三者による監督がなく、**自由度が高い。**

◆財産管理人として、**信頼できる親族を選ぶことができる。**

◆家族会議を経ることで、**家族内の共通の理解と納得が醸成される。**

◆トータルの**コストが低い。**

◆**家族内で完結**できる。

◆**財産の積極的な利用や運用**が可能となる。

◆**相続税対策**が継続できる。

◆自宅などの不動産の**タイムリーな売却**ができる。

◆親の財産管理や承継について家族で共通理解ができ、**透明度が高い。**

◆遺言より信託の方が**イメージが良い**（親に対して「遺言を書いて」とは言いづらい）。

◆**信託報酬**をとられない。

◆**遺産承継の指定**ができ、かつ、裁判所の検認手続や遺産分割協議等を

要しない。

◆高齢者（認知症患者）の**詐欺被害、無駄遣いを防止**できる。

◆相続財産の共有化を防止して、**相続人間の紛争を回避**できる。

◆**弁護士等の関与を避けられる**（後見人に弁護士が選任されると毎月
5万円前後の後見報酬がかかる場合があるとも言われる）。

❖家族の実情に即した家族内での設計

　家族信託のメリットは、それぞれの家族の実情に合わせた設計が可能であると共に、その**コストの低さ**、そして、**家族内の財産問題を家族内で完結できる**というところにあります。

　また、消極的な財産管理だけではなく、**積極的で動態的な財産管理も可能である**ことも魅力です。

家族信託の優れた点に対する注意点

　家族信託が優れているとされる項目に対する注意点は、どのようなものでしょうか。

補助レジュメ

家族信託の優れた機能に対する注意点

◆親が認知症となっても財産の管理、運用、処分ができる。

　⇨後見制度（任意後見、法定後見）でも可能である。

◆家族の個性に応じて、契約を自由に作ることができる。

　⇨法務・税務・登記等の技術的な落とし穴が多く、契約を的確に作ることが難しい。

◆公的監督や第三者による監督がなく、自由度が高い。

　⇨無規律となり、財産が逸散してしまうリスクもある。家族構成が変化しても当初の契約に拘束されてしまうリスクもある。

◆コストが安い。

　⇨信託を維持・運営する負担は重い。

◆家族内で完結できる。

3限目　どうして家族信託を使うのか？

⇨信託に必要となる人数を家族内では揃えられない場合もある（核家族化・信頼できる親族数の限界）。

◆財産の積極的な利用や運用が可能となる。
⇨信託であるゆえの限界・規律もある。

◆相続税対策が継続できる。
⇨信託であるゆえの限界もある。

◆自宅などの不動産のタイムリーな売却ができる。
⇨後見制度でも不可能ではない（ただし、個々の後見人と裁判所次第であり、時間がかかる場合もある）。

◆家族の中で親の財産管理や承継について共通理解ができ、透明度が高い。
⇨一部の親族に秘匿するための家族信託もある。受託者によって悪用される場合もある。

◆遺言より信託の方がイメージが良い（親に対して「遺言を書いて」とは言いづらい）。
⇨遺言の方が簡易であり、すぐにできるので、遺言で足りる場合は遺言の方が良い（家族信託の組成中に認知症が進行し、あるいは、死亡してしまい、手遅れになる事例もある）。

◆信託報酬をとられない。

53

⇨厳しい受託基準があることから、逆に営業信託を利用することができないという壁の高さもある。

◆遺産承継の指定ができ、かつ、裁判所の検認手続や遺産分割協議等を要しない。

⇨自由に承継人を指定してしまうと親族紛争を生じる場合がある。また、遺留分権利者の遺留分を回避することはできない。信託設定の段階では、まだ誰を遺産承継者として指定するのかの決断ができない場合もある。

◆高齢者（認知症患者）の詐欺被害、無駄遣い（ネットショッピング等）等を防止できる。

⇨高齢者の残り少ない人生の自由を制約・管理することにもなる。

◆家族信託の組成をしてくれた専門家の対応や印象が良かった。

⇨対応や印象が良くても、信託契約の品質に地雷が潜んでいる場合がある。

❖メリットとデメリットは表裏の関係

　家族信託のメリットは、そのデメリットの裏返しでもあります。家族信託に対する公的監督の不存在は、その自由度ゆえに家族信託を利用したい人々もいる反面、**受託者の不正や濫用のリスクを生じ得ます。**

　利用者の立場としては、そのようなメリットとデメリットの合わせ絵をよく理解したうえで、家族信託を利用するか否かを判断し、リスクを最小化することが肝要です。

54

4限目

家族信託の組成とそのリスク

民事信託支援業務はどのように行われるか

❖ 終活相談から

　全国津々浦々の街の司法書士によって、民事信託支援業務の実務はどのように行われているのでしょうか。詳しくは別の研修でお話ししますので、ここでは、ざっと見ていきましょう。

　まずは当然、相談から始まります。最近は相談者の方から家族信託について相談したいという形で始まることも多いです。テレビなどで、終活の一環という形で家族信託が取り上げられるからでしょう。

　相談者は、高齢者ご本人である場合もあれば、そのご家族である場合もあります。高齢の親の介護や財産管理を心配した子どもが、家族信託を利用できるか相談に訪れることもあるのです。

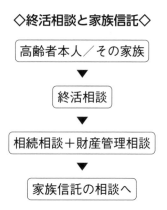
◇終活相談と家族信託◇
高齢者本人／その家族
▼
終活相談
▼
相続相談＋財産管理相談
▼
家族信託の相談へ

❖ 相続登記の相談かと思いきや……

　相談者から「家族信託」という言葉が出ない場合でも、たとえば将来の相続について相談を受けていて、「これは家族信託を用いると相談者の家族の利益となるのではないか」と感じられることもあります。

　最近は相続登記の義務化に伴い、皆さんも相続登記に関する相談を受けることが増えたのではないかと思います。相続登記の相談と言いながら、実は手続的な相続登記そのものではなく、その前段階の実体面をどうするかが問題である場合も少なくないというところが実感なのではないでしょうか。

❖ 家族も利益を享受できるのか

　相談者は誰なのか（誰が来たのか、誰から話を聞いたのか）、また、**依頼者は誰なのか**（財産保有者である高齢者本人なのか、その高齢者の親族なのか）といった区別は重要な問題です。

　家族信託は本人の利益のためだけのものなのか、あるいは、本人を中心とした家族全体の利益にも配慮すべきものなのか、という議論があります。自らの財産を拠出して委託者となり、かつ、受益者となった高齢者本人のみならず、その家族も家族信託の利益を受けることができるのか、という問題です。

財産がないと信託できないのか？

❖ 財産の多寡は関係ない

　家族信託を行うには一定の財産が必要です。財産の中には、信託に向いている財産と向いていない財産があり、また、信託する必要がない財産もあります。

　では、信託には一定額以上の財産が必要になるのでしょうか？

　信託は、資産家である富裕層のためのものであると言われる場合もありますが、**信託をすべき財産の多寡に関係なく、信託の必要性がある場合には信託を利用するべきです。**

　それは、信託を利用する人々の価値観に応じるでしょう。一般の会社員にとっては、長年こつこつと住宅ローンを支払い手に入れたマンションの一室は、たとえ狭くても重要な財産です。

❖ 営業信託との違い

　営業信託を利用するためには、受託者に対して一定の報酬を支払うため、受託資産が一定額以上であることや、あるいは、不動産であれば収益を生む賃貸物件などであることが必要でしょう。営業信託の受託者はボランティアで信託を引き受けているわけではないからです。

　しかし、親族が行う家族信託であれば、受託者に対する報酬額を心配する必要はなく、受託する財産の額に制限もありません。

司法書士業務としての手順

　司法書士による家族信託支援業務の進め方の手順は、個々の司法書士によって異なる場合もあるでしょうが、一例を示すと次の通りです。

補助レジュメ

家族信託支援業務の進め方

1. 利用者からの問い合わせ

2. 利用者の希望の聞き取り

3. 本人確認

4. 親族関係（相続関係）の確認

5. 財産関係の確認

6. 他制度・手法との比較

7. 情報提供とリスク説明と手順の説明

8. 信託の仕組み（概要）の提案

9. 本人の意向と信託に対する理解の確認

10. 受託者の義務と責任の説明

11. 家族会議（親族の意向の確認）

12. 親族関係や財産関係の調査

13. 不動産の調査（権利関係その他）

14. 税務の確認（税理士への確認）

15. 必要書類の確認と告知

16. 契約書案の作成

17. 契約書案の説明

18. 契約書案の修正

19. 火災保険等の問い合わせ

20. 信託口口座開設のための金融機関への相談

21. 公証人への相談

22. 必要な手法や手続に遺漏なきことの確認

23. 金融機関の審査

24. 信託契約公正証書の作成

25. 信託口口座の開設と資金移動

26. 所有権移転登記及び信託登記の申請

27. 所有権移転及び信託登記の完了

28. 関係者（賃借人や不動産管理会社その他）への通知および届出

29. 信託開始の確認と案内

30. 信託事務遂行方法の指導

31. 定期的な関係性と支援態勢の構築

　これらの個別の事務の内容は、このガイダンスの後に、順々に講義していきたいと思っています。今は、だいたいこんな感じの手順が必要なのか、ということだけ頭に入れておいてください。通常の登記事務に比べて、ややこしいことだけは確かです。

◇家族信託の組成支援◇

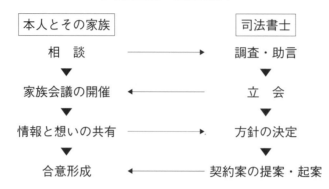

❖ **相談を受ける際の確認事項**

　次の補助レジュメは、相談を行う際における確認事項の例です。もちろん、あくまで例であり、実際の内容は個別事案に応じます。

補助レジュメ

家族信託の相談を行う際の確認事項

1．相談者（委託者やその家族）の心配事や希望は何か
2．なぜ、信託したいのか
3．信託を利用する必要性は何か
4．信託を利用しないでいるとどうなるのか
5．信託を利用した場合、死亡したらどうしたいのか
6．他の制度を利用していないか
7．他の制度を利用することはできないか
8．他の制度を利用したらどうなるのか
9．営業信託との比較はどうなのか

10.　遺言はあるのか

11.　誰に、どのように、資産を承継させたいのか

12.　全ての財産の中で信託する財産の割合はどれくらいなのか

13.　信頼できる受託者となるべき者はいるのか

14.　家族関係は良好なのか

15.　疎遠となっている家族はいないのか

16.　家族全員が集まることはできるのか

17.　相続税は課税されるのか

18.　委託者となるべき者や受託者となるべき者の健康状態はどうなのか

19.　今後、財産管理、健康管理、介護などの方針はどうしたいのか

20.　人生のキャッシュフローのシミュレーションはできているのか

❖ 情報収集義務、情報提供義務、リスク説明義務

　最初の数回の相談が、極めて重要です。

　東京地判令和3年9月17日は、司法書士の受任前の相談段階における助言懈怠に対して不法行為責任を認めて、損害賠償を命じています。相談段階の助言に基づく情報によって、相談者は、信託を使うかどうか、信託の組成を司法書士に依頼するかどうか、などの重要事項を決定するからです。

　判決では、司法書士に対して、家族信託を巡る情報に関して、**情報収集義務、情報提供義務、リスク説明義務があ**るとしました。この裁判例についても、後の講義で扱いたいと思っています。

◇東京地判令和３年９月17日における相談の例◇

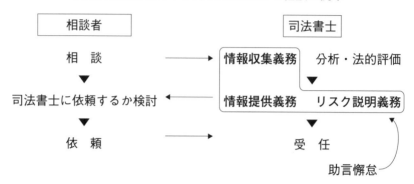

4限目　家族信託の組成とそのリスク

家族信託の組成（設定）の方法

家族信託は、通常、どのようにして設定されるのでしょうか。

補助レジュメ

家族信託の設定方法（信託法3条）

①契約による方法

　認知症対策として用いる場合は、この方法による他ない。

②遺言による方法

　遺言信託は信託を設定することを内緒にしておきたい場合に有用。

　しかし、あくまでも本人の死後に信託の効力を生じるものであるから、本人の認知症対策には利用できない。また、本人の死後、受託者と指定した者が、本当に信託を引き受けてくれるかどうかも不確実である。生前の契約信託の設定であれば、委託者と受託者とが協力して調整しながら信託を設定できるが、死後の遺言信託では、それができない。

③宣言による方法

　宣言によって委託者本人が受託者となる自己信託は、受託者を探す必要もなく簡便であるが、高齢者本人が受託者となるので、認知症対策としては使えない。また、受益者も本人であるとすると1年で信託が終了してしまう（他の者を受益者とすると、その時点で、みなし贈与税を生じる）。

❖ 米国的な自己信託の活用の可否

米国のように**自己信託**によって家族信託が活用できれば、財産を所有する本人も気軽に信託ができるでしょう。まだ元気なうちは、本人の財産の名義を受託者である子どもに移すことに抵抗があるからです。自己信託であれば、財産の帰属に性質転換を生じるものの、名義は残ります。

しかしながら、日本の法制度上、自己信託の利用可能性については、委託者＝受託者＝受益者の自己信託の可否、その場合の１年間での終了、受託者が認知症となった場合における自己信託から契約信託への移行の可否、登記制度の対応の可否などの解決すべき諸問題があります。

❖ 遺言による信託

本人が遺言書の中で信託の設定を遺言する**遺言信託**を利用する場合、その秘匿性が魅力ですが、事前に本人から、推定相続人に説明しておいた方が良いとも言われます。なぜなら、相続人の協力が得られないと、死後の信託設定作業が難しくなるでしょうし、相続人間の紛争の要因にもなるからです。

ちなみに、昔からの信託銀行の商品である遺言信託は、遺言による信託ではなく、遺言管理業務のことです。遺産管理業務であるので、本来の意味での信託ではありません。「信託銀行による遺言管理」を省略した用法なのでしょう。

家族信託を用いる際のリスク

　家族信託を組成しようとする場合に生じうるリスクとはどのようなものでしょうか。

補助レジュメ

家族信託を組成する場合に生じうるリスク

- ☑ 金融機関で**家族信託専用の口座が開設できない**。
- ☑ 将来、信託した不動産を担保として**融資ができない**かもしれない。
- ☑ 公証人や金融機関から、**信託内容（信託条項）が拒絶**されてしまう。
- ☑ 受託者やその親族による**信託財産の費消、着服**。
- ☑ 親族内での信託の誤解による**対立や紛争**。
- ☑ 委託者に心境の変化があっても、**財産が信託に拘束**されうる。
- ☑ **家族構成に変化**が起きて、信託の仕組みが合致しなくなる。
- ☑ 信託設定後、**委託者の気が変わり**、信託の終了などが生じうる。
- ☑ 委託者が信託を終了したくても、**終了できない仕組みもある**。
- ☑ **士業者や専門家の善し悪し**がわからない。
- ☑ 家族信託の組成を支援した専門家の**仕事の品質の悪さ**。
- ☑ 専門家の選択を間違えたことによる、**想定以上の組成費用**。
- ☑ 信託開始後に**想定以上のコスト**がかかってしまう。
- ☑ 家族信託の組成過程で潜んでいた**瑕疵が顕在化**する。
- ☑ 税務の見通しに失敗して、**思わぬ課税**が生じる。

- ☑ 信託で実現できることを勘違いして、**期待はずれ**となる。
- ☑ **遺言や任意後見を選択すれば良かったのに**家族信託を設定した。
- ☑ 信託を組成したものの、**受託者の信託事務の運営が困難**だった。
- ☑ 受託者やその親族が**信託財産を流用**して罪に問われる。
- ☑ 受託者の疾病、死亡等で**受託者がいなくなり**、信託が終了する。
- ☑ 成年後見人が選任され、**既存の家族信託が攻撃、破壊**される。
- ☑ 信託が設定されていることによって、**親族の争い**が複雑になる。
- ☑ 組成支援に関与した専門家が信託維持のための**見守りを放置**する。
- ☑ 裁判所が、**当初の理解と異なる信託条項の解釈**をする。

❖ お山の大将になってはならない

　家族信託のリスクは、実は、**それを支援する専門家のリスク**である側面も大きいと言われています。利用者である市民の側から見れば、信託の組成・維持を支援する専門家と自称する人々が、本当の専門性を有しているのかを見極めることは難しいからです。

　民事信託の専門家を自負している司法書士の先生方でも（たとえば司法書士会の委員をしている人々でも）、「こんなことも知らないのか」とびっくりする場合があります（笑）。

　周りの司法書士に比べて、少しは信託に詳しいというだけで、お山の大将となってしまうと、誤解や勘違いも修正されなくなってしまい、謙虚に勉強する姿勢も失いがちで、むしろマイナスなのかもしれません。

4限目　家族信託の組成とそのリスク

家族信託の利用で注意すべき点

家族信託を利用する場合に注意すべき点をまとめてみました。

補助レジュメ

家族信託のデメリット

☑ **受託者の不正が起こりやすく、発見しづらい。**

　原則として第三者による監督がない（監督がないのは、メリットであり、デメリットである）。受託者の財産流用を委託者が許容する場合もあるが、受託者の義務違反とはなってしまう。

☑ **受託者の負担が大きい。**

　受託者は、常に信託法上の義務を履行する必要があり、無限責任や所有者責任などの重い責任を負う。

☑ **信託規律の遵守が難しい。**

　そもそも信託の理解が難しい。信託違反となると同時に、信託財産が劣化する。

☑ **1人で信託を組成し、維持するのが難しい。**

　日本の家族信託は、とにかく新しく、法務や税務のリスクが潜在している。米国のような経験の集積がなく、米国式の定型書式を用いて行う段階には至っていない。

☑ **信託を利用することによるリスクが発生する。**

　信託の技術的構造から生じるリスクがあり、その典型例が税務リスク

69

である。

☑ **収益不動産の赤字を損益通算、次年度繰越等ができない。**

同じ信託契約の中にある収益不動産の損益通算は可能である。

☑ **親族紛争の火種となりうる。**

一部の親族に秘匿した信託が発覚した場合など、他の親族の猜疑心を強める。

☑ **家族信託の専門家のリスクがある。**

不完全な家族信託の組成や過剰報酬。

☑ **家族信託の専門家の品質がわからない。**

広告などの宣伝からは、商売熱心ということはわかるが、その品質は不明である。

☑ **家族信託は万能ではない。**

信託組成支援者による過剰宣伝からの消費者誤認の弊害も指摘されてきた。

☑ **金融機関からの借入の機会が限定的である。**

2024年の状況。

☑ **高齢者本人ではなく、親族の一部が主導する場合がある。**

認知症と診断され判断能力が低下した高齢者を委託者とする家族信託も組成される場合がある。

4限目　家族信託の組成とそのリスク

❖ 友人による家族信託

　家族信託のデメリットは、家族信託の自由に対する裏返しです。要するに、**家族信託が成功するか失敗するかは、受託者となる親族の性格、能力、習慣、信用状態、環境、倫理観などに拠る**ところが大きいのです。

　ちなみに、友人が受託者となる場合もあります。友人は家族ではないと言われそうですが、昨今の事実婚事情（同性の事実婚もある）から見ると、友人が家族信託の範疇となる場合もあるわけです。

❖ 家族信託組成のビジネス化傾向への危惧

　家族信託を利用する人々にとって、自分と相性の合う、信頼できる、家族信託の本物の専門家を見つけられるのか、という要素も大きいです。優れた専門家でも、あまりにもビジネス本位でガツガツしている人は、結局、ベルトコンベア方式となってしまうので敬遠したいところです。

　クレジット・サラ金の債務整理の実務の場合と同様、あまりに多数の件数をこなすことを重視すると、１件１件の扱いが粗雑となるからです。

71

◇家族信託のビジネス化◇

▶一部の司法書士法人によるビジネス化
　　　　　⇨**件数主義による高収益化**

▶家族信託提案書＋信託契約書の使い回し
　　　　　⇨**品質の低下**

▶派手な宣伝広告
　　　　　　　⇨**経費の増加**

▶過剰な成年後見制度批判
　　　　　　⇨**品位保持義務違反**

▶過剰な事件集めと紹介料
　　　　　　⇨**過剰報酬の請求**

▶相談者・利用者からの苦情の増加
　　　　　　⇨**司法書士界内での孤立**

▶▶▶その結果として
　　　　　　⇨**懲戒リスク・訴訟リスクの上昇**

5限目

年表で見る民事信託普及の ステップ

5限目　年表で見る民事信託普及のステップ

司法書士と民事信託の関係に関する年表

　ここで、司法書士と民事信託との関係について、これまでの歴史的な経緯を概観してみましょう。少し大袈裟に感じられるかもしれませんが、その深い関係性を理解するため、明治初年から今に至る年表として、司法書士制度のスタート時点から見ていきましょう。

1872年 （明治5年）	江藤新平が初代司法卿に就任。司法職務定制による代書人制度として、司法書士制度が発足。
1873年 （明治6年）	訴答文例の公布による代書人強制主義（書面主義）。
1886年 （明治19年）	登記法（法律第1号）の制定。裁判所が登記手続を所轄し、裁判所構内の代書人（司法代書人）が登記手続を取り扱うようになる。これには、不動産登記および商業登記の双方が含まれる。金融機関の諸手続も、裁判所（登記裁判所）構内の司法代書人が代行するようになる。たとえば都内では日本橋の構内代書人が金融機関の登記を取り扱っていた。
1899年 （明治32年）	民法が1898年に施行されたことに伴う不動産登記法の成立。
1900年 （明治33年）	日本興業銀行法の制定（この法律中で初めて信託が文言化された）。
1905年 （明治38年）	信託に関連する初めての法律である担保付社債信託法の制定（信託証書の規定）。その年に東京都の代書人取締規則が制定された。
1918年 （大正7年）	・司法代書人法成立。その立法運動に信託法改正に関与した中大の江木衷弁護士が助力。 ・信託法案中、信託証書の公示という形で信託登記制度が構想される。

75

1922年 （大正11年）	・信託法成立。立法過程に司法代書人法成立を運動した江木衷弁護士が関与。 ・信託登記制度の導入のため不動産登記法一部改正。 ・信託原簿制度の導入。司法書士による信託登記事務が始まる。
1930年 （昭和5年）	『最新登記書式示範』による初めての民事信託書式の公表。
1942年 （昭和17年）	【信託登記件数】203件。
1950年 （昭和25年）	司法書士法一部改正。
1954年 （昭和29年）	【信託登記件数】94件。
1956年 （昭和31年）	司法書士法一部改正。
1957年 （昭和32年）	『不動産登記書式精義』による民事信託契約および信託原簿書式の公表。
1966年 （昭和41年）〜	・民事信託の登記に関する登記先例類の発出（昭和41年登記先例、昭和43年登記先例その他）。 ・司法書士による民事信託の信託登記申請の増加（法務省民事局担当官の証言）。
1967年 （昭和42年）	司法書士法一部改正。
1970年 （昭和45年）〜	【信託登記件数】300件台。
1978年 （昭和53年）	司法書士法大改正（登記代理の明記、資格化・国家試験化、権利の保全規定）。
1981年 （昭和56年）	【信託登記件数】366件。
1982年 （昭和57年）	【信託登記件数】445件。

1983年 (昭和58年)	【信託登記件数】490件。
1984年 (昭和59年)	【信託登記件数】691件。
1985年 (昭和60年)	【信託登記件数】791件。
1986年 (昭和61年)	・全国青年司法書士連絡協議会第17回横浜大会。 ・海外法制度の紹介と研究（イギリス、フランス）。 【信託登記件数】1126件。
1986年 (昭和61年)〜	・司法書士会の職務整備運動。高齢者の意思能力（判断能力）に対する判断実務の在り方（その確認義務や基準）が問題となる。 ・民事信託の登記代理執務の意思確認に対する通達（司法書士会）。 ・昭和のバブル期、地上げのための民事信託、担保代用の民事信託、債務整理の民事信託、短賃代用の民事信託、不動産開発のための民事信託等が流行する。 ・杉並老女殺人事件、原野商法問題などによる本人確認・意思確認の重要性の再確認。 ・登記制度のコンピュータ化へ向けた実用化の試作が開始される（板橋出張所）。
1987年 (昭和62年)	・横浜青年司法書士協議会の英国視察（ソリシター視察）。 ・渉外司法書士協会発足。 【信託登記件数】1449件。
1988年 (昭和63年)	埼玉青年司法書士協議会を中心とするフランス視察団（ノテールの職務）。民事訴訟法学者で仏法を専門とする江藤价泰教授の指導による。 【信託登記件数】1344件。
1989年 (平成元年)	【信託登記件数】2156件。
1990年 (平成2年)	【信託登記件数】2030件。

1991年 （平成3年）	・司法書士会の会報にて高齢者の意思確認問題。 ・高齢者の財産管理及び監護（民事立法の動向）。 【信託登記件数】2369件。
1992年 （平成4年）	渉外司法書士協会の海外法制度シンポジウム。 【信託登記件数】1716件。
1993年 （平成5年）	第1回英国制度視察団（民事訴訟法学者で英国法専門の住吉博教授と共に英国視察）。 5月1日〜11日：ソリシターによる実務・研修の視察。 【信託登記件数】2104件。
1993年 （平成5年）〜	司法書士有志が各地の自治体や社会福祉協議会等と協力して、高齢者自立支援のための組織を立ち上げる（埼玉県志木市、東京都品川区など）。後見制度に向けた司法書士による最初の取組みとなる。この頃から法務省が高齢者の認知症対策等を念頭において後見法の制定の検討を始める。その担い手として司法書士が手を挙げる形となった。この段階で、高齢者の財産管理問題に関する問題意識として弁護士に先行している。
1994年 （平成6年）	・藤原勇喜『信託登記の理論と実務』（民事法研究会）発刊。 ・司法書士の登記専属性を巡る埼玉訴訟の第一審判決（司法書士側の敗訴）。 ・日弁連と日司連による業務ガイドライン策定案。 ・新井誠「信託と強制相続分・遺留分を巡る問題」国学院法学。
1995年 （平成7年）	・松永六郎＝佐藤義人＝渋谷陽一郎「（鼎談）司法書士補佐人制度を考える」会報司法の窓83号。 ・日司連による認知症患者のための財産管理に関する「高齢社会　転ばぬ先の杖シンポジウム」開催（第1回：1995年2月14日）パネラー：新井誠教授ほか。 　以後、毎年、高齢者の財産管理シンポジウムを開催（第2回：1996年2月22日）。 ・司法書士会における高齢者法務の研究（登記代理における意思確認の研究）。 ・日司連の成年後見制度創設推進委員会の結成（客員委員：

5限目　年表で見る民事信託普及のステップ

1995年 （平成7年）	新井誠教授）。福祉関係者との連携。 ・法務省と協働し、後見法成立過程へ関与。 ・品川区や志木市など各自治体における高齢者自立支援センターに対する司法書士の支援。東京、埼玉、福岡、大分、札幌の各地でも同様の運動。 ・新井誠教授（日司連客員委員）が民事信託の活用の提唱。 ・新井誠教授による福祉型信託・後見に関する研修会の開催（意思凍結機能）。
1996年 （平成8年）	・日司連会報に新井誠教授「高齢社会における信託制度の活用」掲載。司法書士実務研究会における民事信託（の登記）に関する報告（大崎晴由司法書士／1996年11月19日）。 ・埼玉訴訟第一審判決、日弁連と日司連の間の業務ガイドライン協議の策定案、民事訴訟法改正作業。
1997年 （平成9年）	・東京司法書士会研修。新井誠教授による福祉型信託への関与の勧め。 ・11月21日平成9年度東京司法書士会第五支部ブロック研修会。司法書士会の会報（会報司法の窓）に掲載。 ・横山亘『信託に関する登記』（テイハン）発刊。
1998年 （平成10年）	・ロンドン大学のデビット・ヘイトン教授講演会「家族信託」。高齢者自立支援センター研修。「会報司法の窓」に掲載。 ・日司連アメリカ・カナダ視察（新井誠教授の同行）。 ・大崎晴由「信託登記実務現場からの報告」NBL。
1999年 （平成11年）	日本における不動産証券化の開始とサービサー制度の創設によって不良債権処理のための信託登記が急増する契機となるが、これにより一般の司法書士の信託関与が急速に広がることになる。
2000年 （平成12年）	・後見法成立（民法改正、任意後見法）、介護保険法成立。 ・成年後見センター・リーガルサポートの定款の目的に「信託」を求める。
2002年 （平成14年）	新井誠『信託法』（有斐閣）発刊。

79

2004年 （平成16年）	・司法書士法改正：日本司法書士政治連盟（日司政連）及び各単位会政連の活動。 ・信託業法改正：国会附帯決議「福祉型信託」　司法書士政治連盟の活動。 ・渋谷陽一郎『証券化のリーガルリスク』（日本評論社）にて証券化のための信託の仕組みを詳述。 ・能見善久『現代信託法』（有斐閣）発刊。
2005年 （平成17年）	・日司連・成年後見リーガルサポート意見書（福祉型信託）。 ・日司連会報で信託法特集。道垣内弘人教授が執筆。 ・第30回信託法学会（6月11日）。民事信託を巡る論戦（新井誠教授）。 ・第19回法制審議会「高齢社会における民事（個人）信託の必要性」新井誠教授のヒアリング。
2006年 （平成18年）	・信託法改正：国会附帯決議「福祉型信託」。司法書士政治連盟の活動。 ・民事信託の活用を日司連にて検討（筆者による日司連委員会への報告等）。 ・第165回衆議院法務委員会における新井誠教授の民事信託の観点からの国会参考人発言。 ・貸金業法みなし弁済に関する最高裁判決。 ⇨全国青年司法書士協議会等による貸金業債権の信託への過払金請求訴訟。
2007年 （平成19年）	・改正信託法施行。 ・日司連の後見制度推進委員会内に信託チームを設置。 ・渋谷陽一郎「信託法入門セミナー」（登記情報）。 ⇨司法書士向けの改正信託法解説。 ・金融審議会に対する福祉型信託に関する意見（新井誠教授、日司連及び成年後見センター・リーガルサポートから参考人）（金融審議会の中間報告）。 ・大崎晴由「信託法改正と信託登記」にて民事信託と信託登記の魅力を論じる。 ・田中和明『新信託法と信託実務』（清文社）発刊。 ・寺本昌広『逐条解説新しい信託法』（商事法務）発刊。
2008年 （平成20年）	・日司連の民事信託法研究委員会の設置。 ・民事信託に対する信託監督人支援・受益者代理人支援の

2008年 （平成20年）	提案（筆者ほか）。以後、受託者としてではなく、支援者として民事信託の普及を図る方向性。 ・七戸克彦「今後の司法書士の業務展開の方向性」市民と法50号16頁～。「企業（ここでは信託銀行・信託会社）や弁護士による先占のない未開拓の分野であって、かつ司法書士の業態に適合的な領域が、家族信託である……家族信託における信託財産の中心は不動産であり、信託の登記が必要になることに加えて……個人の生活保障や資産承継問題は……地域密着型の法律専門職である司法書士に適しており……細やかなエステート・プラニングが可能となる……これを成年後見制度と結合することも可能である」。 ・村松秀樹ほか『概説新信託法』（金融財政事情研究会）発刊。 ・新井誠『信託法（第3版）』（有斐閣）発刊。
2009年 （平成21年）	・会報での信託連載記事（約1年間、日司連民事信託委員会および筆者が担当）。 ・東京青年司法書士協議会が民事信託研究委員会を設置（アドバイザーは筆者）。 ・渋谷陽一郎「中小企業における信託の活用」（市民と法）。 ・渋谷陽一郎「信託目録を考える」（登記情報）。 　⇨信託登記のための信託目録の内容を初めて分析。 ・日司連成年後見制度対策部民事信託推進ワーキングチーム。 ・民事信託研究会「民事信託の活用と弁護士業務のかかわり：報告書」（トラスト60）。
2010年 （平成22年）	・全国青年司法書士協議会全国研修会東京大会第1分科会「司法書士の民事信託活用の可能性」における実務報告及びシンポジウム（新井誠教授、岸本雄次郎教授、齋木賢二日司連副会長、大貫正男元リーガルサポート理事長、アドバイザーは筆者）。 ・各地の司法書士会において民事信託研修会が盛んになる。 ・第35回信託法学会（6月12日）。新井誠教授が民事信託部門をコーディネート。 ・後見学会横浜世界大会。 ・埼玉司法書士会に民事信託部会が設置。

2010年 (平成22年)	・渋谷陽一郎「民事信託は実務たり得るか」（登記情報）。 　⇨司法書士の民事信託支援業務の法的根拠論について。 ・渋谷陽一郎「民事信託の実務内容を考える」（登記情報）。 　⇨司法書士の民事信託支援業務の受託支援について。 ・渋谷陽一郎「信託登記代理における法令遵守と民事信託 　規律の維持」（市民と法）。 　⇨法務局による民事信託規律の維持について。 ・渋谷陽一郎「司法書士と信託─歴史的経緯」（日司連会 　報）。 　⇨信託法制定と司法代書人法の制定について。 ・司法書士会関東ブロック研修会（新井誠教授と筆者が共 　に講師）。新井誠教授による信託認定司法書士の提唱。 ・個々の司法書士実務家による民事信託業務の宣伝（ネッ 　ト上）の開始。 ・民事信託研究会（講師：新井誠教授）発足。司法書士向 　けの新井誠教授による民事信託の連続講義（1年間）。
2011年 (平成23年)	・（一社）民事信託推進センターの創設。第1期セミナー 　講師は、星田寛氏、遠藤英嗣公証人、新井誠教授、山崎 　芳乃司法書士、河合保弘司法書士、杉谷範子司法書士ほ 　か。新井誠教授のセミナーテーマは「司法書士と民事信 　託の地平」。 ・今川嘉文ほか『誰でも使える民事信託』（日本加除出版） 　発刊。
2012年 (平成24年)	・民事信託推進センター主催のシンポジウム「民事信託を 　いかに推進させるか」。 ・日司連の民事信託シンポジウム「障害者のための民事信 　託」。
2013年 (平成25年)	・司法書士を代表者とする家族信託普及協会の創設。 ・司法書士有志による民事信託士協会の創設。 ・民事信託士協会シンポジウム「民事信託士の始動」。 ・遠藤英嗣『新しい家族信託』（日本加除出版）発刊。
2013年 (平成25年)〜	司法書士・税理士等向けの司法書士による民事信託セミナーブーム始まる。
2014年 (平成26年)	・日司連会長による福祉型信託の会長声明。 ・日司連の民事信託シンポジウム「民事信託の利用促進─

2014年 (平成26年)	成年後見制度との併用」。 ・渋谷陽一郎『信託目録の理論と実務』(民事法研究会)発刊。 ・江藤价泰『司法書士の社会的役割と未来』(日本評論社)発刊。 ・『信託フォーラム』(日本加除出版)発刊。
2015年 (平成27年)	・全国各地にて司法書士が主導する民事信託・家族信託推進の任意団体が創設(札幌、仙台、東京、名古屋、新潟、高松、広島、福岡、那覇)。 ・河合保弘『家族信託活用マニュアル』(日本法令)発刊。 ・新井誠「弁護士業務と信託の未来を考える」(自由と正義)。
2016年 (平成28年)〜	・司法書士による全国各地域における「信託口」口座の開設の金融機関に対する働きかけ。 ・渋谷陽一郎『民事信託における受託者支援の実務と書式』(民事法研究会)発刊。 ・民事信託推進センター編『有効活用事例にみる民事信託の実務指針』(民事法研究会)発刊。 ・渋谷陽一郎『民事信託のための信託監督人の実務』(日本加除出版)発刊。 ・『家族信託実務ガイド』(日本法令)発刊。 ・新井誠=大垣尚司『民事信託の理論と実務』(日本加除出版)発刊。 ・高橋倫彦ほか『『危ない』民事信託の見分け方』(日本法令)発刊。 ・新井誠「民事信託の現状と展望〜司法書士界の課題〜」(月報司法書士)。 ・新井誠ほか「財産管理業務をいかに発展させるか」(市民と法)。 ・城南信金にて民事信託用の「信託口」口座の開始、続いて、三井住友信託銀行による同口座の開始。 ・民事信託を取り扱う司法書士会員の急増。
2017年 (平成29年)	・渋谷陽一郎「民事信託の実務における新局面」(信託フォーラム)にて「信託口」口座の内容が初めて定義される。 ・渋谷陽一郎「民事信託支援業務に未来はあるか」(市民と法)。

2017年 （平成29年）	・日司連による信託会社の設立案の公表。 ・東京司法書士会に民事信託委員会を設置。 ・新井誠『高齢社会における信託制度の理論と実務』（日本加除出版）発刊。 ・伊庭潔『信託法からみた民事信託の実務と信託契約書例』（日本加除出版）発刊。 ・遠藤英嗣『家族信託契約』（日本加除出版）発刊。 ・宮田浩志『家族信託まるわかり読本』（近代セールス社）発刊。 ・道垣内弘人『信託法』（有斐閣）発刊。
2018年 （平成30年）	・渋谷陽一郎「金融機関のための民事信託の実務と法務」（金融法務事情）連載開始。 ・渋谷陽一郎「民事信託と登記」（信託フォーラム）連載開始。 ・田中和明『詳解民事信託』（日本加除出版）発刊。 ・司法書士が組成支援した家族信託の公序良俗違反一部無効判決（東京地判平成30年9月12日）。 ・司法書士が相談・提案に関係した家族信託に対する東京地判平成30年10月23日。
2020年 （令和2年）	・司法書士が組成支援し、信託監督人に就任した家族信託に関する東京地判令和2年12月24日。 ・渋谷陽一郎『民事信託の実務と書式（第2版）』（民事法研究会）発刊。 ・新井誠先生古稀記念論集『成年後見・民事信託の実践と利用促進』（日本加除出版）発刊。 ・菊永将浩ほか『事例でわかる家族信託契約書作成の実務』（日本法令）発刊。
2021年 （令和3年）	・家族信託を組成支援した司法書士に対して情報収集義務違反、情報提供義務違反、リスク説明義務違反の不法行為による損害賠償判決（東京地判令和3年9月17日）。 ・渋谷陽一郎「民事信託の登記の諸問題」（登記研究）連載開始。 ・伊庭潔『信託法からみた民事信託の手引き』（日本加除出版）発刊。

2022年 （令和 4 年）	・民事信託支援業務の日司連行為規範制定 ・ふくし信託会社の業務開始。 ・金森健一『民事信託の別段の定め　実務の理論と条項例』（日本加除出版）発刊。
2023年 （令和 5 年）	・東京青年司法書士協議会　民事信託勉強会。 ・一部の司法書士が組成した家族信託に対する苦情の増加。 ・新井誠ほか『高齢社会における信託活用のグランドデザイン（第 1 巻)』（日本評論社）発刊。 ・渋谷陽一郎「信託契約書から学ぶ民事信託支援業務」（市民と法）連載開始。 ・渋谷陽一郎『裁判例・懲戒事例に学ぶ民事信託支援業務の執務指針』（民事法研究会）発刊。 ・渋谷陽一郎『信託登記のための信託目録の理論と実務（第 2 版)』（民事法研究会）発刊。 ・渋谷陽一郎『Q&A家族信託大全』（日本法令）発刊。
2024年 （令和 6 年）	家族信託案件に関連する司法書士の紹介料問題が顕在化。

民事信託支援業務の実務の展開

　それでは、先ほどの年表を見ながら、信託法が大改正された後の流れをお話ししたいと思います。

❖ 第1ステップ（2007年～2010年）

● 改正信託法の施行 ── 司法書士と信託銀行

　改正信託法が施行された2007年、日司連の佐藤純通執行部による民事信託委員会がスタートしました。

　信託法改正に対する司法書士集団内の注目度にあわせて、私は登記専門誌で2年にわたる信託の連載を開始しました。私は信託銀行の法務部長をしていましたが、司法書士向けの連載ということで、所属組織名を秘匿して連載しました。当時、貸金業債権の信託の引受けを非難して、ある司法書士会から信託銀行に対して社会的使命を問う質問状が来ていたような状況下、信託銀行を批判する司法書士集団のためになる連載はとんでもないというのが信託銀行内の雰囲気だったからです。

● 家族信託の実務の開始

　2009年には『月報司法書士』も信託の連載（「福祉型信託」「商事信託」）を企画し、私は「商事信託」の部分を執筆しました。

　司法書士実務家は、弁護士のような理論面に対する関心よりも、むしろ、具体的な実務にできるのか（業務化できるのか）という側面に関心を抱き、リーマンショックの年である2008年頃から、街の司法書士が実

験的かつ散発的に、家族信託の組成を試み出しました。

たとえば、2010年頃には、山北英仁司法書士、杉谷範子司法書士、宮田浩志司法書士らが実験的かつ共時的に家族信託の組成支援に取り組んでいたように記憶します。

●青司協による民事信託研修会

2010年の信託法学会のシンポジウム（新井誠教授が民事信託分野のコーディネーター役でした）では、なぜ民事信託を実務化できないのか、会場の弁護士らが、熱心に発言、議論していたことが印象に残りました。

一方、2009年には東京青司協にて私がアドバイザーとなり民事信託の実務研究会が組成され、1年間の研究活動の後、2010年の全青司全国研修会で、初の民事信託実務の研修会の開催に至ります。

2010年には、民事信託推進センター創設に向けた新井誠教授の勉強会も開始されました。成年後見学会の横浜世界大会もこの年です。この年、全国の司法書士会で、民事信託や信託登記に関する研修会が数多く開催され、一つのブームの感がありました。

●債務整理バブルとの類似性？

当時は、いわゆる債務整理＝過払金返還バブルの終わりの始まりという時期であり、良識派の司法書士は、債務整理バブルの行き過ぎに対する警戒感を持っていました。現在の家族信託を扱う司法書士の一部にも、債務整理バブルの頃のような、なりふり構わぬ事件漁りや**紹介料・過剰報酬問題、品位保持義務違反**を指摘される広告宣伝といった行き過ぎが見られるようです。

いずれにしても、2010年は民事信託の普及に向けての第1のステップ

の年とみなしてよいでしょう。

❖ 第2ステップ（2011年〜2013年）

● 『誰でも使える民事信託』

2011年の民事信託推進センター創設によって、各自が実験的に行った事例を持ち寄って検討することが可能になりました。議論する場ができたことで、民事信託類型のパターン認識が共有された意義は大きかったと思います。

私も、ありがたくも創設にお誘いいただきましたが、難病の子どもの介護中であったこともあり、さらには、創設メンバーを聞くと、水と油のメンバーでしたので、きっとメンバー間で喧嘩になって大変だろうなと思い参加しませんでした（笑）。

同年、はじめて民事信託を冠した『誰でも使える民事信託』という書籍が出版されました。巻末には、新井誠教授、星田寛氏と司法書士らとの座談会が掲載されています。

● 『新しい家族信託』

2013年は、「認知症対策としての家族信託」という概念が明確化された時期でした。このことが、その後の民事信託の普及の起爆剤となります。

また、遠藤英嗣公証人（当時）の『新しい家族信託』が出版され、家族信託契約の雛形が提示された年でもあります。

税理士の間では、家族信託が相続税対策に使えないかと話題になりました。

2013年が、民事信託の普及に向けての第2ステップの年といえるでしょう。

5限目　年表で見る民事信託普及のステップ

❖ 第3ステップ（2014年～2016年）
● 民事信託推進センターの一部分裂

　2014年から2015年にかけて、民事信託推進センターに集結した司法書士の一部が分裂します。かような分裂が、その後、多数の任意団体を派生することの契機となりました。

　このような分裂によって生じた近親憎悪のせめぎ合いこそ、逆説的ではありますが、民事信託の推進のエネルギーとなり、活動の活発化、そして、組成実務の範囲の急拡大に対する一種の蛮勇を生むに至ったことも見逃すことができません。

● 信託幻想の広まり

　2014年から2016年にかけては「誰でもできる、何でもできる家族信託」というスローガンがピークに達し、家族信託幻想が広まりました。

　たとえば、信託法があらゆる法令に優越するとみなされ、いわゆる遺留分回避目的や遺留分対抗目的の家族信託が盛んに組成されていたのは、この時期でしょう。また、信託万能幻想を持った司法書士の人々からは、株式を信託すれば強行法規としての会社法の手続も不要になるとか、農地の家族信託も可能であるとか主張されていました。

　もちろん、家族信託は魔法の杖であるかのような幻想が生じたことが、民事信託の急速な普及の第3ステップの跳躍台となったことは間違いありません。

❖ 第4ステップ（2016年～2019年）
● 金融機関による業務化の開始

　2016年からは、金融機関による正式な「信託口」口座開設への積極化

89

が目立ち、当時、全国で5社程度であった取扱金融機関の数が、その後、2018年から2019年にかけて、全国で50前後に急増しました。

また、受託者に対する信託財産責任負担債務としての信託貸付、そして、民事信託のコンサルティング業務などまで外延が広がりました。とりわけ、地域金融機関による業務開発が目立ちました。

私も金融機関の取組みを後押しするため、「金融法務事情」で2年間にわたって「金融機関のための民事信託の実務と法務」という連載を行いました。当時の反響は大きかったです。

● 「信託口」口座の開発

個人の受託者というリスクを内包する家族信託において、認知症対策のためには、受託者の信用リスク、死亡リスクや紛争リスクを最小化するための分別管理の厳格化が不可欠であり、信託登記と「信託口」口座の存在が望ましいということが言われ始めました。

2016年から2019年にかけての金融機関の民事信託業務への積極化こそが、民事信託普及の第4ステップであったと思います。

● 家族信託を巡る裁判例

2018年秋には、東京地判平成30年9月12日と東京地判平成30年10月23日という、司法書士が関わった家族信託に対する裁判例が出ました。特に前者は、遺留分対抗型の家族信託の一部を公序良俗違反で無効とし、民事信託分野に携わる専門家集団に衝撃を与えました。

これらの判決以降、家族信託の普及への熱は、やや沈静化されます。一方で、民事信託一般がメディア等に取り上げられる機会が飛躍的に増え、世間に対する浸透度を増しました。メディアの多くは、成年後見制

度の硬直性を批判する表裏として家族信託の活用を取り上げており、成年後見分野と家族信託分野の専門家間の対立の溝を深めてしまうという不幸もありました。

● 高額報酬の問題化

2018年頃から、家族信託の組成に対する報酬の高額さが問題視されるようになりました（平成30年2月22日付け東京新聞Web版「民事信託　家族らと契約　生前から財産託す」）。要するに、明治後期の信託濫用の時代が想起され、家族信託浄化運動の必要性が認識されるのが、2018年頃からでしょう。

司法書士会等においても、家族信託を取り扱う司法書士の一部に対する懸念が持たれ始め、会則や指針の制定その他の監督の強化を必要とする声が出ました。

❖ コロナ禍と家族信託（2020年〜2022年）

2020年春からのコロナ禍によって、金融機関による民事信託の取組み拡大への動きが停滞したように見えました。家族信託の組成は、組成支援者による高齢者の意思確認や高齢者を含めた家族会議の開催など、濃厚接触の場を要します。新しい生活様式へ適合させつつ、どのように民事信託支援業務の実務を作れるかが課題となりました。成年後見の現場における課題と同様ですね。

コロナ禍による健康、老いと病苦、死への関心の深まりから、家族信託への関心が高まったように感じられます。

❖ 家族信託の現状と課題（2023年〜）

● 民事信託の業務メニュー化

　2023年には、コロナ禍もほぼ収束し、家族信託の話題も再び活発化しました。司法書士集団の中において、民事信託が一般的な司法書士業務の一つであるとの認識が急速に広まったのも、この時期です。

● 家族信託のビジネス化という弊害

　企業による家族信託の組成サービス、そして、資産サービスも目立ちはじめます。それらの企業は、起業家によって作られたもの、あるいは、士業者によって作られたものがありますが、いずれも活発な広告宣伝を行っています。

　もっとも、企業による家族信託の組成・支援サービスは、その一部には、企業経営への懸念や、倫理観の問題点などが指摘されることもあります。

　さらに、その一部においては、利用者に対する宣伝広告とは異なる内容の実務を行っていることも指摘されており、急速に拡大してきた営利企業による家族信託への関与は、今、曲がり角に来ているといえるかもしれません。

　家族信託の組成業務は、個別具体的な法律事務であることは間違いないので、営利企業に馴染むのか、という課題もあろうかと思います。

● 紹介料リスク

　家族信託を専門と謳う事務所から、一斉・無差別に、家族信託の案件を紹介してくださいとのFAXが来るということが、度々司法書士の間で話題になります。

仮に紹介した場合、何らかの見返りがあるのでしょうか。もしも何らかの金銭的な見返りがあれば、登記代理における紹介料事件と同様に、懲戒処分の対象となってしまいます。

● 民間資格の悪用に注意したい

また、民事信託の普及を謳う各団体では、会員に対して民間資格を付与するサービスを行っています。

もっとも、苦情が入るような士業者がこれらの民間資格を取得し、名刺や事務所のHPに大きく掲げるなど、民事信託や家族信託の専門家を称するためのツールとなってしまっています。

このような民間資格は、むしろ悪用される場合もあるのではないかと心配しています。

● 司法書士への苦情

最近は、家族信託を組成した家族、組成しようとする家族から、相談した司法書士に対する苦情が出ることがあります。

一つは報酬額が高いという苦情、一つは業務の品質が悪いという苦情、一つは家族信託の組成後、放置されるという苦情です。

これらの苦情の中には、有名な司法書士事務所や司法書士法人に向けられたものもあります。また、将来的に懲戒請求に発展しうるような苦情もあるようです。

● 家族信託の量産という弊害

家族信託は、不動産売買の決済事件や多重債務の過払金返還事件などとは法的性格が異なります。

家族信託の組成相談は純粋な法律事務であるので、数多く回転させて、件数を多くやれば良いというものではありません。決して組成した家族信託の件数が多ければ良いというものではありません。

一つ一つの家族信託がいい加減なものであれば、それを量産してみたところで何の意味もなく、ただ有害なだけです。

● **信託契約書作成は誰でもできるのか ── 規律と倫理の不在**

近時、家族信託の契約書作成業務は、誰でもできる、だから司法書士もできる、という意見が聞かれるようです。

そのような意見が、金儲け主義の司法書士の人々の考え方を支えており、司法書士業務としての理論や法的根拠を考えない、倫理観を欠いた実務を生み出していると言われることがあります。誰でもできる業務では、厳しい規律が内在しないからです。

◇民事信託分野における司法書士集団の問題点◇

× 司法書士集団内のグループ・セクト間における対立抗争

× 一部法人における家族信託のビジネス化

× 民間資格の悪用と消費者誤認問題

× 紹介料問題

× 過剰報酬と低品質の信託契約書の苦情化

× 司法書士会の対応の立ち遅れ

× 司法書士業務としての法的根拠論の不明確と混迷の深まり

6限目

家族信託支援業務を始める準備

6限目　家族信託支援業務を始める準備

司法書士試験と信託法

❖ 司法書士試験の現状

　司法書士試験は、国家試験の中で、唯一、信託法の知識が試される試験です。それは、不動産登記法という試験科目の信託登記分野の内容として問われてきました。信託登記分野は、毎年、択一試験で出題される試験勉強必至の重要分野ですが、同様に、記述式試験でも問われてきました。

　手続法である信託登記制度を理解するためには、当然のことながら実体法である信託法を理解する必要があります。そうでなければ、信託登記申請が単なる代書となってしまいます。抵当権や根抵当権の登記を理解するためには、実体法である民法上の抵当権や根抵当権の法的意味内容を理解することが不可欠であることと同様でしょう。

❖ 試験勉強の効用

　従来から、登記が関わる実体法分野は、司法試験合格者より司法書士試験合格者の方が詳しいことが知られてきました（抵当権や用益権等に関する知識における司法書士の優位性については異論がないでしょうが、会社法や社団法人法等についても一部の司法書士の知識の優位が指摘されてきました）。信託登記と信託法の関係についても、信託法が試験科目とされるならば、担保物権法や会社法などの知識と同レベルのものとなるでしょう。

　法律の体系的で網羅的な理解を得るためには、生活を賭けて必死に行われる試験勉強の機会に勝るものはありません。これに対して、実務のた

97

めの勉強は、体系的ではなく、細切れで、虫食い的な知識になりがちです。

◇信託法を司法書士試験の試験科目に！◇

❖ **信託登記の実体法である信託法を試験科目に**

今後、司法書士試験科目は、手続法である信託登記法だけではなく、実体法である信託法も試験科目とすべきです。

たとえば、手続法の商業登記法が試験科目にあれば、手続法の対象たる実体法分野の会社法も試験科目とされるのが大原則でしょう。

実体法を欠いて手続法だけを試験するのでは、あたかも、司法書士を志す者に対して、代書を奨励しているようなものです[*10]。試験制度の更なる充実が求められます[*11]。

民事信託支援業務に携わる司法書士になる前段階の受験生時代に、**信託法の条文の要件・効果および基礎理論を把握しておきたいところです。**

[*10] 住吉博教授は、法を交通法規のようなものとしか理解しない一部の司法書士試験合格者の存在を警告していたが、信託法という実体法の試験を欠いた信託登記の試験は、交通法規的な暗記に陥ってしまうリスクがある（住吉博『学生はいかにして法律家となるか』8頁（中央大学出版部、1998年））。

[*11] 住吉博『権利の保全――司法書士の役割』44、46頁（法学書院、1994年）は、「……司法書士の……法律知識面は資格試験のところで調整を図るべき……資格試験というのは自分たちの職能全体の存続にかかわる……」としている。

家族信託（民事信託支援業務）の勉強方法

❖ 会社法における条文の学習

商業登記の実務を行うためには、会社法の基本知識が必須となりますよね。会社法の条文の地味で地道な勉強を飛ばして、議事録作成の技術面だけを即効で習得しようとすれば、未来永劫、会社法の条文に関する体系的知識は疎かになってしまうでしょう。それでは、いつまでも会社法の条文が引けるようにならず、応用力が身に付きません。

見よう見まねで議事録の雛形を模倣して議事録を作成しても、それは法的知識に裏付けされない一般代書にすぎません。まず入口は、会社法の条文と基礎理論の勉強から入るべきですよね（それが司法書士試験の受験勉強であったわけですね）。

❖ 信託法の条文学習の勧め

民事信託支援業務の場合も同様です。地味で地道な信託法の条文の学習から入るべきであり、そのような面倒な過程を飛ばして即効的な信託契約書の起案の勉強から入ってしまうと、結局、最後まで信託法に関する知識が曖昧となってしまいます。

司法書士試験の勉強にたとえて言えば、基本的なテキストと条文を読み込んで、じっくりと考えるという地道な勉強をせずに、試験当日に試験会場前で予備校から配布されるような暗記用で即効的なように見えるレジュメばかり読んでいるようなことになりかねません。

◇司法書士試験の受験勉強◇

商業登記実務

▲

会社法の勉強が必要

▲

会社法の条文の要件・効果の学習

❖ 司法書士試験の勉強方法の応用

　本研修を受講されている皆さんの多くは、司法書士または司法書士資格者です。そうであれば、司法書士の資格を取るために、司法書士試験の受験勉強を反復・継続することで、それを通り抜けてきたはずですよね。そのような過程が、読者の皆さんの実務のための法律知識の土台であり、その核は司法書士試験の受験勉強で涵養されたものであるはずです。

　たとえば、不動産登記事務のための必須の知識として民法、不動産登記法があり、商業登記事務のための不可欠の知識として会社法、商業登記法があります。司法書士が、依頼を受けて、会社の機関の議事録を作成しようとする場合、会社法の条文に関する知識を欠いているとすれば、それは専門家とはいえず、お話になりませんよね。

❖ 各条文の要件・効果の理解

　皆さんは、司法書士資格を得るための受験生時代、会社法の条文であれば、その要件と効果を暗記するに至るまで（一言一句記憶するとまではいかないまでも）、繰り返し読み込んだはずです。そして、その条文の意味を理解するためにテキストに当たったはずです。

テキストは条文を理解するため、あるいは条文解釈のための判例を理解するためのものであったでしょう。

最終的には、何度も何度も**条文を素読み**したはずです。条文構造や条文解釈の方法を理解した後は、素読みが最も効率的な学習方法となるからです。

❖ 独習としての条文の読み込み

民事信託支援業務も、商業登記事務における会社法や、相続事務における民法と同様です。民事信託支援業務には信託法の知識が不可欠です。しかしながら、司法書士試験の受験勉強では、信託法を学習していません。それゆえ、個々の司法書士自らが、信託法の条文を独習する必要があります。

条文の学習なるものは、いかなる法律であれ、結局、独習に極まります。忘れないでください。これが、民事信託支援業務のための出発点となります。

❖ 受験勉強のノウハウを活用して

そして、信託法の条文の学習は、司法書士試験の合格後、あまり空白期間をおかず、受験勉強の方法論を維持・継続して、何度でも反復すべきです。司法書士試験の受験勉強のような体系的かつ全体的な勉強方法と集中力は、一生のうち何度も経験できることではありません。ある法律の全ての条文の要件と効果を覚えてしまうまで読み込むような勉強方法は、試験合格から期間を経てしまうと、再び取り組むことが容易ではなくなります。

それゆえ、新しい試験合格者こそが、信託法の学習に向いているので

101

す。合格直後の時期こそが、信託法を学ぶ最大のチャンスであると思います。

◇家族信託支援業務のための勉強◇

家族信託の実務…………家族信託の相談、信託契約書の起案

▲

信託法の知識………信託の適法性、金融機関や公証人との交渉

▲

各条文の要件・効果を学習＝基本条文の読解と暗唱

❖ 民法や会社法と比較した信託法の条文数

市民から信頼を受けて民事信託支援業務を行うためには、信託法の条文、少なくとも基本条文の要件・効果は徹底的に理解し、覚えておきましょう。相談を受けた当日、その場で新たに条文を引いて、関係する条文を探すという芸当は、むしろ難しいはずです。

条文が1000条前後ある民法や会社法と比べて、**信託法の条文はたかだか270条程度**であり、要件と効果の暗唱が必須の基本条文に至っては100条前後です。気合を入れれば1年くらいで、各条文の要件・効果を理解し、覚えることも可能でしょう。

❖ 法律整序事務としての民事信託支援業務

条文の理解と読み込みが必須となるという点で、民事信託支援業務は、事実行為を中核とした遺産整理業務等とは異なります。

民事信託支援業務が、**法律事務**あるいは**法律整序事務**であることを表していると思います。

❖ 今日から信託法の条文の勉強を

とにかく、細部に至る条文学習の徹底と反復、そして、そのノウハウを身に付けているという点では、司法書士は、信託法の学習に向いています。

また、これまで裁判例で争われた司法書士のミスなるものも、功を焦り、地道で徹底的な条文学習を飛ばしてしまった結果であると感じています。

家族信託を身に付けたいのであれば、今日から、信託法の条文の部分を六法からちぎってポケットに入れて、信託法の条文読みを日課にしましょう。信託法の条文集が手垢で真っ黒になり、ボロボロになって、愛着と親しみが湧くに至った時こそ、皆さんが家族信託の専門家であると自他ともに認められる、その時なのです。

◇信託法の知識不足が招く結果◇

家族信託の相談、信託契約書の起案⇒助言過誤、低品質な起案

家族信託の組成過誤（法令実務精通義務違反、善管注意義務違反）

懲戒請求⇒懲戒処分

債務不履行による損害賠償責任（受任前なら不法行為責任）

7限目

司法書士が家族信託の専門家であり続けるためのルール

信託登記実務の急増

❖ 不動産証券化と信託登記と司法書士

　試験科目の話だけではなく、昭和バブル期の土地信託を端緒とし、何よりも不良債権時代に始まった不動産証券化・流動化の開始によって90年代後半から急増した信託登記の実務の広がりも、司法書士の間における信託法理解の普及に果たした役割が大きいです[*12]。

　旧信託法時代、弁護士にあっては、信託銀行の顧問弁護士など、ごく少数の弁護士だけが、信託法の専門家でしたし、その意味では、弁護士こそ信託法の法的実務の専門家である側面があります。

　しかし、司法書士の場合、より多くの司法書士が、一般的に、信託登記の実務を通じて、信託法に触れてきました。信託登記には、信託目録（原簿）が存在し、当初の信託契約書の作成過程からの関与を要請される場合が少なくありません。

❖ 実体関係の理解が重要な信託登記の実務

　信託登記実務は、売買の決済登記等に比べて、実体関与の範囲が広がっています。何よりも、信託契約書を読み解く能力は信託登記を行う司法書士にとって必須でもあります。

　このような能力を欠く司法書士、あるいは、能力があると錯誤する司法書士も存在しますし、そのような司法書士の方が、むしろ、信託の専

＊12　信託登記件数の推移については、渋谷陽一郎『信託登記のための信託目録の理論と実務（第2版）』25-28頁（民事法研究会、2023年）。

門家を強調する逆説もあります。

　しかし、信託のような難解な分野で、自らを専門家であるとは軽々と自称できるものではありません。今日の受講生の皆さんも、これからの勉強を謙虚に頑張ることによって、この先々、そのような自称専門家の人々を超えられるようになるでしょう。

　信託契約を読解する能力を欠けば、信託条項から、信託登記の登記事項を抽出し、公示の作法に即して要約するという、信託目録に記録すべき情報の作成作業を正確に行うことができません。**信託登記の後続登記で事故を生じてしまいます。**

◇信託登記件数の増加と信託登記実務の事故の増加◇

信託登記の件数の増加
▼
民事信託の専門家を称する司法書士の急増
▼
信託目録の作成過誤の急増
▼
後続登記申請の却下事案の増加

❖ 信託目録に記録すべき情報の抽出ミスの多発

　昨今、司法書士による信託目録に記録すべき情報の作成作業の無規律、そして登記理論からの逸脱が、登記官からも指摘されています。登記官の審査では、疑問を感じながらも、あえてスルーされてしまう現状があるといいます[13]。

　民事信託の専門家を称する司法書士が作成したものを見ても、同様の

瑕疵が潜んでいる場合があります。信託設定の初期に作成された信託目録が内包した瑕疵は、時限爆弾や地雷と同じく、10年後、20年後の後続登記の申請の時点で炸裂し、信託を破壊するだけのリスクがあるでしょう。

---

*13 登記官は、信託目録の内容の審査という形で信託契約の内容を目にします。民事信託の場合は、特に法的効果や拘束力を持たないと思われる規定が散見されます……登記官は、審査の途中で文言不足や不適切表現に気付いても、その部分が特に登記の申請の却下事由に該当しない限り、補正を求めるまでもなくスルーせざるを得ず、いつも悔しい思いをしています（横山亘「登記の現場からみた民事信託」家族信託実務ガイド17号4頁）。

本人訴訟支援業務との違い

❖ 本人訴訟支援と民事信託支援の差異

　民事信託支援業務は、非専門家である本人を側面から支援するという
点において、司法書士が伝統的に裁判事務として行ってきた本人訴訟支
援と同じ構造にあります。この点、民事信託支援業務と本人訴訟支援業
務との大きな違いにも着目する必要があるでしょう。

　本人訴訟では、その舞台は裁判所であり、裁判官が訴訟の進行を指揮
し、裁判所書記官と事務官が訴訟の手続を管理しています。それゆえ、
訴訟それ自体の規律の維持は、裁判所の存在によって担保されているわ
けで、むしろ、訴訟の規律維持の責任は裁判所が第一義的に負っていま
す。

　司法書士の役割は、裁判所の役割を補充し、たとえば相手方が弁護士
代理であれば、訴訟当事者間の武器平等を実質的に担保することにある
わけです。

❖ 公的監督機関の空白

　これに対して民事信託では、裁判所の役割に相当し、信託の規律を強
いるような公的監督機関が存在しません。信託法改正によって裁判所の
一般的監督機能が廃止されました。それゆえ、信託開始後、長期にわた
って民事信託の規律が維持されるのか、適法性は確保されるのか、本当
のところはよくわからないのが実情です。

　民事信託の規律維持という重い責任は、信託の組成支援を行った司法

書士が、信託の専門家として負うしかありません[14]。司法書士による信託期中における信託当事者に対する支援義務（**見守り義務**）を制度化する必要があります。司法書士は、信託清算に至る信託期中事務の適法性維持の支援に善管注意義務を負わねばなりません。それは、自らが成年後見人に就任する以上に、重くつらい役割でしょう。

◇本人訴訟支援との差異◇

民事訴訟支援

▼

裁判所による監督

▼

裁判官の判断

民事信託支援

▼

裁判所による監督の廃止

▼

信託監督人が補充
（公的機関のバックアップなし）

❖ 司法書士による信託監督人を制度化できるのか

　本来であれば、かような法的根拠として信託監督人に就任して、信託法上の善管注意義務と司法書士法上の善管注意義務を負うことを制度化すべきです[15]。しかし、信託の組成処理の件数をこなすことが優先され、信託期中における規律維持という重責を忌避する風潮があるように見えるのが、実情ではないでしょうか[16]。

111

＊14　司法書士等の専門家による信託期中における受託者支援の実務内容と責任論を初めて具体的に論じたものとして渋谷陽一郎『民事信託における受託者支援の実務と書式』（民事法研究会、2016年）。

＊15　信託監督人の実務内容と責任論を初めて具体的に論じたものとして渋谷陽一郎『民事信託のための信託監督人の実務』（日本加除出版、2016年）。

＊16　本書の著者は、司法書士による民事信託推進の議論に規律維持という観点を欠いているように感じ、現在の家族信託の実務が開発される以前の2008年頃から、信託の規律維持の専門家責任論が疎かになってしまうことを懸念して意見を表明してきた。例えば、2010年には渋谷陽一郎「不動産登記代理委任と法令遵守確認義務（3）信託登記代理における法令遵守と民事信託規律の維持」市民と法65号、同「不動産登記代理委任と法令遵守確認義務（4）信託法改正（信託目録廃止論）と信託登記代理機能の再構成」市民と法66号、同「民事信託は実務たり得るか」登記情報586号、同「民事信託の実務内容を考える」登記情報589号などで注意を喚起した。しかし、当時、後に信託の第一人者や先駆者と称するようになる司法書士実務家の人々は、まず信託そのものを理解し、実用化するための活動以外には余裕がなかったものと推察された。なお、信託登記実務の規律の弛緩については同「信託と司法書士」THINK109号にて警告した。

弁護士と司法書士

❖ 増しつつある弁護士の存在感

　司法書士が先行した民事信託支援業務に対して、昨今、弁護士による活動領域の広がりがあります。とりわけ、伊庭潔センター長が率いる日弁連信託センターの積極的な活動は特筆されるものがあります。

　実体法分野の専門家としての弁護士の参入は、公証人や学者などを巻き込み、民事信託分野における解釈論の理論展開を促進するでしょう。また、弁護士の関与によって、専門家間における牽制と規律の実現が期待されます。そして何より、多様な専門家の支援は、利用者である市民の利益となります。

◇日弁連の活動◇

2017年 （平成29年）	日弁連信託センター発足。
2020年 （令和２年）	信託口口座開設等に関するガイドライン（全17頁）の公表。
2021年 （令和３年）～	日本公証人連合会の有志との勉強会⇨モデル信託条項案の公表。 全国信用金庫協会との連携
2022年 （令和４年）	民事信託業務ガイドライン（全27頁）の公表。

❖ 弁護士と家族信託の実務

弁護士による非紛争型の家族信託業務への参入については、いくつかの課題が指摘されてきました。

まずは、家族内における信託組成に対して、弁護士が介在することに対する市民における微妙な違和感の存在が挙げられます。弁護士が長年にわたって築いてきた紛争代理人や裁判のプロとしての社会的イメージは、社会的ステータスであるわけですが、かえって非紛争型業務の気軽な相談に対する障害となっているのではないのか、という疑問です[*17]。

たとえば、推定相続人が数人存在する家族の中で、家族の1人が弁護士を連れてきたときの、他の家族のリアクションはどのようなものなのでしょうか。

❖ 弁護士と非紛争型業務

社会的な生理作用たる各地域における非紛争型の不動産取引等に対して、弁護士が介在することは、まだ少ないかもしれません。

不動産事業者、地域金融機関、税理士、司法書士、土地家屋調査士などの各地域において形成されてきた不動産取引のチャネルから、今や、

---

*17　本人訴訟の多さについて、弁護士事務所の敷居の高さがいわれる場合があるが、地方では、やはりお金（報酬）の問題であろう、という指摘がある（小島建彦「地方の民事裁判の感想─鹿児島地方─（1）」判時476号11頁）。また、日本弁護士連合会の報告書である「本人訴訟を追って──弁護士なしで訴訟をしている人たち」では、司法書士を利用して訴訟をする人々の声として「司法書士のほうが来易い。足まめに来てくれて親切。気軽に仕事をしてくれる」という声を紹介している（103頁）。住吉博教授は、本人訴訟に司法書士を利用する一つの要因として「弁護士に訴訟代理を依頼した場合に要する出費すなわち報酬や謝金の額に比べて、司法書士に主として書面作成の手数料として支払う金額の方がはるかに低廉ですむという事情も、大きな要因をなしていることは疑問の余地がないといえよう」としている（住吉博『司法書士訴訟の展望』34頁（テイハン、1985年））。

家族信託の組成の要請が生じることが少なくありません。

　弁護士が、今後、家族信託という法技術を契機として、非紛争型の不動産取引や相続の日本的チャネルの中で存在感を示せるか否か、今、岐路に立っているようにも思われます。

❖ 家族信託訴訟は弁護士の独壇場

　民事信託を巡る紛争解決や民事信託の解釈論（理論）分野においては弁護士の法的能力が必要であり、弁護士の積極的な参入は、民事信託支援業務の展開にとっても有益でしょう。

　いかにして民事信託の規律を維持するか、という観点からすれば、信託を支援する**専門家間における牽制関係と緊張感**こそ重要です。

　信託組成相談については法律相談としての範囲という問題もあります。

　また、家族信託訴訟は、弁護士の独壇場であり、残念ながら、司法書士による本人訴訟支援は聞かれません（貸金業債権の商事信託の分野では、司法書士による簡裁代理訴訟がありましたが）。

◇弁護士と司法書士の差異（一般論）◇

弁護士	司法書士
▶制限ない法律家	▶制限ある法律家
▶紛争解決のプロ	▶登記・後見のプロ
▶敷居が高い	▶敷居が低い
▶包括受任が原則	▶個別受任が原則
▶成功報酬制	▶低コスト
▶地域偏在がある	▶全国津々浦々に存在

司法書士業務としての法的根拠論

❖ 業務の法的根拠論を議論することの重要性

　司法書士が民事信託支援業務を推進するに当たって、その業務の法的根拠論を議論することは最重要なことの一つです。民事信託の組成支援業務こそ、法律事務中の法律事務であり、その相談は法律相談であるからです。

　最近、民事信託支援業務を行う司法書士の人々の中で、このような重要なテーマが議論されなくなりつつあることが、大きな懸念材料です。司法書士による民事信託支援業務は、これまで順調にきてしまったので、それを推進してきた人々が安心して、慢心しつつあるのかもしれませんが、そういうときこそ、タガが緩み、隙ができて危ないのです。いわゆる債務整理バブルの時もそうでした。

❖ 3条業務なのか、31条業務なのか、誰でもできる業務なのか

　司法書士の民事信託支援業務に対する法的根拠論（正当業務論）としては、司法書士法3条1項各号の法3条業務（司法書士法上の伝統的業務）であるとする見解と、司法書士法29条に基づく司法書士法施行規則31条業務として捉える見解、さらには、民事信託支援業務は誰でもできる業務である（業務としての法的根拠は不要である）という見解が共存してきました。

◇家族信託組成支援の業務としての法的根拠論◇

法3条説	規則31条説	誰でもできる説
他の法令（弁護士法72条も）の適用除外となるメリットがあるが、範囲が限定される。	法3条の制約がなくなるが、他の法令で禁じられた業務は除外。要件への当てはめが難しい。	信託契約書の作成と相談は誰でもできるので法的根拠不要とする説。「司法書士業務」としての規律が適用されず、規律が不明確となる。

❖ 東京地判令和3年9月17日

　この点、東京地判令和3年9月17日は、司法書士の民事信託支援業務に関して、司法書士法上の明文規定はないという認識を示しました。それでも、同判決は、司法書士による民事信託支援業務の実態、そして、司法書士会等の取組みによって、司法書士が民事信託の専門家であると見られ得ることから、司法書士は、民事信託の相談に対して専門家責任を負う、としました。同判決は、民事信託支援業務について、専門家としての司法書士業務として許容する形となりました。

　ちなみに、同判決は、司法書士の信託登記の代理についても明文の規定はないとしていますが、司法書士法3条1項1号・2号に明確に法的根拠のある司法書士業務であるので、判決の内容も若干混乱しています。

　なお、同判決は、民事信託支援業務の内容として、**信託契約案の作成、公正証書作成支援、金融機関の信託口口座開設支援、信託登記代理**などを挙げています。

❖ 同裁判例が法的根拠とはなり得ない理由

注意すべきは、同判決の事案は、司法書士の業務範囲を巡って争われたものではなく、弁護士法72条との関係についても検討されていません。原告側は、司法書士の債務不履行責任などを追及したかったことから、司法書士の善管注意義務を論じ、最初から、民事信託支援業務が司法書士業務であることを前提としたからです。

ですので、同判決の内容自体を司法書士の法的根拠論として援用するのは、少々危険かもしれません。

❖ 法律事務と非弁行為性の有無

ところで、法3条業務と捉える見解と、規則31条業務であると捉える見解の最大の対立点が顕在化するのは、登記代理や簡裁訴訟代理関係業務に関連しない法律事務や法律相談を行うことの可否です。

法3条業務とする捉え方であれば、あくまで法3条1項1号や2号の手続書面として、信託契約書を法律整序書面として捉え、原則、その作成を以て請負契約であると解釈し[18]、その相談を5号相談の手続的な法律相談であると捉えます。規則31条業務論に関しては、その解釈論の展開が止まっているので、今後の理論化が望まれています[19]。

令和6年6月9日の信託法学会の研究発表大会では、会場から、信託法の研究者より、司法書士による民事信託の組成相談などは非弁行為ではないか、という質問が出ました。

---

[18] 吉永一行「法的根拠・行為規範に配慮した民事信託契約作成支援のあり方」市民と法131号21頁。

[19] 渋谷陽一郎「民事信託支援業務に未来はあるか（4）～（6）」市民と法109号～111号、同「民事信託支援業務の法的根拠論にもっと光を」市民と法112号。

❖ 劣悪な品質である場合、非弁の誹りがあり得る

そのような声は、未だに、民事信託に携わる弁護士の一部からも聞かれる疑問の声です。

特に、品質の悪い粗暴な家族信託が司法書士によって組成され、放置されてしまった場合、それとの相関で（明らかに成果物の品質と相関します）、非弁が主張されるでしょう。後日、司法書士が組成支援した家族信託から紛争を生じれば、当初から潜在的な紛争性を内包していた事件であると評価され得ます。

◇法的紛議が生じることがほぼ不可避という判断基準◇

家族信託支援業務＝法律相談＋信託契約書の起案

▼

弁護士法72条の非弁行為の要件該当性

▼

「法的紛議が生じることがほぼ不可避である」という判例の規範

▼

司法書士の相談や不完全な起案によって信託組成後に事後的に紛争を生じた場合も含まれる？

▼

非弁要件は、組成相談や信託契約書起案の品質に相関する

❖ 外部の法律家との共通言語での議論が望まれる

ところで司法書士会においては、外部の専門家の人々との共通の土俵に立って、内部しか通用しないロジックではなく、学者や弁護士らとの共通言語を用いて、民事信託支援業務の法的根拠論をクリアにするための議論を行い、かつ、司法書士法の改正運動を行うことが期待されてお

り、そのような重い責任を負っているように思われます[20]。

❖ 積極派と慎重派 ── 政連と青司協

もともと、20年くらい前から、司法書士集団の中では、司法書士が行う法律事務の範囲に関して、慎重派と積極派の対立が存在します。

たとえば、日司連の選挙の度に、司法書士による法律相談に制限はあるのか否かのような「制限ない法律相談」論争を生じたりしてきましたが、その議論の決着はついていません。

かつては、ざっくりと、青司協派は慎重派であり、政治連盟派は積極派である、などと言われることもありました。その辺りは、佐藤純通司法書士と細田長司司法書士による日司連会長選挙の際に大きな争点となったことを覚えている人もいるかもしれません。

❖ 法律相談や法律事務に制限はないのか

慎重派の人々は、弁護士法の存在を前提として、司法書士法3条を法的根拠として解釈論を展開してきたのですが、積極派の人々は、むしろ、司法書士法3条を業務の制約要因であると捉えてきました（法的根拠論それ自体を制約要因であると捉える考え方です）。

そして、実は、民事信託支援業務を推進してきたのは、山北英仁司法書士や佐藤純通司法書士に代表されるような積極派に属する人々であり、

---

[20]　司法書士の民事信託支援業務の適法な業務範囲という問題に関しては、渋谷陽一郎「国民の権利擁護の使命に照らした民事信託の支援に向けて（2）～（4）」市民と法120号～122号、同「民事信託支援業務のための執務指針案100条（1）」市民と法123号。なお、司法書士法改正については、簡裁訴訟代理許容という司法書士法改正に至る経緯と運動論が参考となるが、その詳細に関して松永六郎＝渋谷陽一郎「簡裁代理はなぜ認められたのか」市民と法86号50頁。

だからこそ、民事信託のような法律事務を推進することができたという
側面があるのです。それらの人々は弁護士法72条の射程を狭く解釈して
いこうとすることに特色があります。

　そのような積極派の人々が、運動の初期においてリーダーシップを発
揮することで、司法書士の間に民事信託支援業務が浸透してきたという
意義は否定できません。

◇民事信託推進センターにおける積極的な見解の生成の背景の分析◇

司法書士政治連盟の2007年〜2009年段階の主張

「制限のない法律相談権」を獲得したいという主張
　➡簡裁訴訟代理よりも、こちらを獲得したいという意見があった。

日司連選挙で政連派の敗北
　➡司法書士法３条拡大推進派の勝利（７号相談の拡大と家事代理）。

反法３条説が民事信託推進センターの結成の中核メンバー（政連メ
ンバー）の見解となる
　➡財産管理は弁護士と司法書士しかできず、民事信託は財産管理
　　に包摂されるとのロジック。

❖積極論で司法書士を守れるのか

　それゆえ、それらの人々の影響を受けて、今でも民事信託を推進する
人々には、司法書士が行う法律事務の範囲を広くとらえようとする傾向
があるのですが、実務家である個々の司法書士は、実務を行う中で自分
の身を守るためにも、実は司法書士に許容され得る法律事務の範囲には
グレーな部分が残っており、その法的根拠論には決着がついていない状

態であることを、しっかりと認識しておく必要があります（上記の人々はその辺りの事情をよく知りながら、あえて政策論・運動論として積極論を唱えてきたのだと推察します）。

とにかく、**弁護士法72条と司法書士法との関係に関する研究を怠ってはいけません**。無自覚さこそ、最大のリスクです。

❖ 制限された法律家としての司法書士の業務の内包

また、民事信託支援業務の内容は、堅実なものである必要があります。従来から、司法書士による法律相談や法律文書作成に関する許容範囲には議論があり、司法書士が先行した民事信託だからといって、そのような制約が一挙になくなるわけではないからです（確かに、司法書士が先行したことによって、非弁ではないかという声は最小化されているのですが、今後はどうなるかわかりません）。

❖ 執務規律の表裏としての法的根拠論

何よりも業務としての法的根拠論は、司法書士の執務規律や報酬算定方法の適法性などと表裏であります。また、本人と共に二人三脚で業務を行う司法書士にとっては、法的根拠論による限定的な枠組みこそが、支援型の法律職であることをたらしめています。決して等閑にすることはできない側面ではないでしょうか。

7限目　司法書士が家族信託の専門家であり続けるためのルール

新井誠教授と司法書士

❖ 民事信託推進の理論的支柱

　司法書士集団は、新井誠教授から理論的支援を受けて、民事信託・福祉型信託の実務の実現に取り組みました。たとえば、民事信託推進センター創設の前年であり、その準備段階として、新井誠教授を講師とする司法書士有志の信託法勉強会が行われたのが2010年でした。この前後、新井誠教授を講師とする司法書士会主催の信託法の研修会も開催されていました。そのような機会に、新井誠教授は、英国ではソリシターが信託の担い手であったことを示し、そして、司法書士を日本のソリシターに擬して、司法書士こそが信託の担い手であると激励しました[21]。

❖ 司法書士は日本のソリシターなのか

　これを聞いた司法書士聴衆は、新井誠教授のエールに心から感激し、福祉型信託への情熱を新たにしたことは間違いありません。私は、2010年、新井誠教授と同一の機会の研修会、たとえば司法書士会の関東ブロックの年次研修などで、共に講師を務めたことがあります。広い会場は

---

[21]　今川嘉文ほか『誰でも使える民事信託』301頁［新井誠発言］（日本加除出版、2011年）は、「司法書士というのはイギリスではソリスターだと言われているわけです。ソリスターというのはイギリスでは伝統的に信託をずっと担ってきた。信託契約書を作ったり、あるいは場合によっては受託者もやってきているわけです。ですから、司法書士こそが日本の信託を担う職能ではないかという気がするのです。そういうことを自覚的に考えて、前に進んでいただいたらよろしいのではないかと思います」としている。

123

新井誠教授の講義を聴きたい一心の300人以上の司法書士受講生で満席となっていました。私は、新井誠教授の講義に触発された司法書士受講生らの存在、そして、熱気溢れる会場の様子を、講師席から観察していたので、そのことを断言できます。

　2010年それを契機として、司法書士による民事信託支援業務の実務の具体的な試行錯誤や依頼者と協働しての実験的な実務化が始まり、そして、その報告や検討の活動が促進されました。翌年創設された民事信託推進センターで、かような活動が組織化されたわけです。

◇新井誠教授と司法書士◇

- 後見制度創設前夜の1997年頃から福祉型信託の存在（活用）を司法書士集団に教示。
- 新たな福祉的分野への司法書士の進出を激励。
- 新たな公共としての民事信託支援業務の推進の理論的支柱。
- 民事信託分野における弁護士集団との連携を実現。
- 民事信託推進センターや民事信託士を創設することの助言。

❖ 現代司法書士制度の恩人

　元来、司法書士にとって、信託に対する関与に関して、諸法令が交錯する複雑な業務という問題から[22]、信託法改正時には、多くの司法書士実務家にとって、信託に対しては、まだ消極的姿勢が残っていました。しかし、新井誠教授のエールによって、一歩踏み出したということができるでしょう。

7限目　司法書士が家族信託の専門家であり続けるためのルール

　これは1990年代後半の成年後見への関与の際も同様の現象が見られたので、そのような過程の一種の再現でもありました。たとえば、1995年当時、後見制度創設後の想定の議論として、司法書士が後見人に就任することも、司法書士集団内では、継続的かつ持続的な代理人就任が司法書士業務として馴染むのか否かという論点を巡って、議論が行われ、消極意見が存在していたからです*23。

❖ 民事信託支援業務の導きの星

　最近は、司法書士会や民事信託推進センターでも、様々な信託法学者を招いて講演等を行っているようですが、新井誠教授が、後見業務に続いて、司法書士にとっての民事信託支援業務の導きの星となり、現代司法書士制度の恩人となったという事実については、再度、確認しておきたいところです。

＊22　司法書士法の業務範囲の検討として、いずれも渋谷陽一郎「民事信託支援業務に未来はあるか（1）～（6）」市民と法105号～111号、「民事信託支援業務の法的根拠論にもっと光を」市民と法112号、「民事信託支援業務の手続準則試論（1）～（3）」市民と法113号～115号、「国民の権利擁護の使命に照らした民事信託の支援に向けて（1）～（4）」市民と法119号～122号、「民事信託支援業務のための執務指針案100条（1）」市民と法123号。

＊23　成年後見制度導入前夜である1999年に発刊された東京司法書士会の会報では、司法書士が法定後見人として代理人活動ができるのか否か、積極論（斎木司法書士）と慎重論（松永司法書士）が議論されている（江藤、松永ほか「未来を切り拓け」会報司法の窓91号24-25頁［松永六郎発言、斎木賢二発言]）。

125

信託の民主化に向けて

❖ 司法書士の民事信託支援業務における限界と利点

　信託登記の登記代理を中核とした司法書士の民事信託支援業務には、一定の作法があり、限界があります。

　それは、利用者の視点から見れば悪いことばかりではありません。そのような制約の分、報酬が安くなり、専門家の敷居が下がるからです[24]。

❖ 情報共有とインフォームド・コンセント

　また、司法書士の判断で、信託当事者による信託組成を主導・誘導してしまうことが制限され、規律されるので、常に依頼者や信託当事者の意思を尊重し、正確で的確な情報を提供し、リスクを助言し、本人の理解と納得の下、個々の書類作成等の個別委任として、法律整序事務を行うことになります。それゆえ、信託関係者との間で二人三脚にて信託組成の支援を行うことで、本人のインフォームド・コンセントを確保し、信託を専門家の独占物ではない開かれた信託制度を実現することができ

---

[24]　司法書士の家族信託業務の報酬算定方法の問題点については、渋谷陽一郎「国民の権利擁護の使命に照らした民事信託の支援に向けて（2）」市民と法120号24頁。大阪高判平成26年5月29日金判1498号16頁は「この実質的な関与に応じて報酬についても、単なる裁判書類作成関係業務の通常の対価4～5万円……に比して、約20倍に上る99万8000円を得ており、全体としてみると、弁護士法72条の趣旨を潜脱するものといえる」として報酬算定方法を重視する。過剰報酬と正義の相関性につき松永六郎「これからの司法書士のために」市民と法86号37頁。なお、平成30年2月22日付け東京新聞Web版「民事信託　家族らと契約　生前から財産託す」は、専門職の民事信託組成報酬の高額さを指摘する。

るわけです。

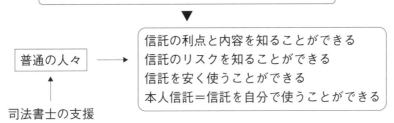

❖ 信託の民主化とは何か

　今や、民事信託支援業務の主たる担い手は司法書士であると言われます[25]。民事信託支援業務を行う司法書士の双肩には、信託制度の信頼性がかかっています。

　司法書士は、ごく一部の者ではありましたが、過去、債務整理で生じたようなビジネス主義の蹉跌を、信託分野にて繰り返してはならないでしょう[26]。

---

[25] 伊庭潔「今なぜ、民事信託か」自由と正義71巻3号10頁は、「民事信託分野において、弁護士および弁護士会は完全に出遅れている」としている。新井誠＝伊庭潔＝大貫正男＝鯨井康夫「財産管理業務をいかに発展させるか──成年後見、民事信託、規則31条による財産管理の活用と連携」市民と法102号43頁（伊庭潔発言）、伊庭潔「民事信託を巡る現状と課題」自由と正義66巻8号43頁、伊東大祐「信託契約締結上の留意点（民事信託・家族信託分野において）」信託フォーラム6号25頁、新井誠「弁護士業務と信託の未来を考える」自由と正義66巻8号66頁、八谷博喜「家族を受託者とする信託」ジュリスト1520号40頁。

[26] 古橋清二「司法書士の裁判関係業務の現状とこれをめぐる諸問題──債務整理業務を中心として──」市民と法56号46頁、古橋清二「『債務整理事件の処理に関する指針』が問いかけるもの」市民と法64号34頁。

司法書士による本人訴訟支援のスローガンに「司法の民主化」があります。これは、専門家のための訴訟手続を市民へ開放することを意味します*27。司法書士は、良心的な弁護士の人々らと共に、「信託の民主化」という高次の理念の実現のため、これからも、高い倫理観と公益意識をもって切磋琢磨していくべきです*28。

以上で、今回の司法書士向けの家族信託・民事信託の入門ガイダンスを終了いたします。お疲れさまです。ご清聴ありがとうございました。続けて、各テーマ別の入門講義を続けていきたいと思っていますので、ご期待ください。

---

*27 「司法書士の職務は、日本の民主化運動そのものだと思います。法律を知らない人たちにひとつずつ実体法なり手続法を教えて、支援していくわけですから……これこそまさに民主化運動であり……司法書士は、本人と一緒に手を取り合いながら歩んでいく。本人も納得しているから歩いているんです。これは、この社会のなかでもすばらしいシステムの一つではないでしょうか」（江藤价泰ほか「〔座談会〕司法書士の実務と理論」法学セミナー33巻11号52頁）。

*28 「司法書士は……ビジネスオンリーではなく公の正義の実現者となりうるか……一人ひとりの司法書士が……人権意識を高め……憲法の理念を実務に活かすことのできる新しい法律家意識をもつことである……」（松永六郎「簡裁代理権で開く司法書士の新たな道」市民と法15号71頁）。

【著者紹介】

渋谷　陽一郎（しぶや　よういちろう）

〔略　歴〕

信託銀行の法務部長・期中管理部長・審査部部長として不動産信託、債権信託、金銭信託等の信託実務に携わり、不動産証券化黎明期における格付機関ムーディーズの格付アナリストとして信託スキームや信託契約書群の審査に従事し、不良債権時代のサービサー制度創設時におけるサービサー（認可1号）の初代法務コンプライアンス・監査役を務め、また、普通銀行本部の法務コンプライアンス・商品開発・M&A・証券化を行い、司法書士としての民事信託支援業務その他の実務を通じて25年以上にわたって多種多様な信託の仕組みを経験する。2007年の改正信託法施行時に民事信託分野の開発・仕組みを提唱した一人として、現在に至るまで民事信託・家族信託の実務の理論構築の一翼を担う。現在、東京都内の光が丘法務司法書士事務所所長。全国通訳案内士。

〔著　書〕（信託に関する単著のみ掲載）

『Q&A家族信託大全』（日本法令、2023年）、『信託登記のための信託目録の理論と実務（第2版）』（民事法研究会、2023年）、『裁判例・懲戒事例に学ぶ民事信託支援業務の執務指針』（民事法研究会、2023年）、『民事信託の実務と書式（第2版）』（民事法研究会、2020年）、『民事信託のための信託監督人の実務』（日本加除出版、2016年）、『民事信託における受託者支援の実務と書式』（民事法研究会、2016年）、『信託目録の理論と実務—作成基準と受託者変更登記の要点』（民事法研究会、2014年）、『証券化のリーガルリスク』（日本評論社、2004年）

〔論文・論稿〕（信託に関する論稿のみ掲載）

「信託法入門セミナー(1)〜(19)」登記情報552号〜574号（2007年〜2009年）、「商事信託1〜5」月報司法書士447号〜451号（2009年）、「改正信託法下、信託公示制度の流動化・証券化への活用」法律時報1007号（2009年）、「信託法と金融商品取引法の交錯とSPC理論」法律時報1009号（2009年）、「本邦証券化におけるパラダイムチェンジと裁量型流動化型信託への期待」法律時報1013号（2009年）、「中小企業承継における信託利用の実務的可能性」市民と法57号（2009年）、「不動産登記代理委任と法令遵守確認義務(3)—信託登記代理における法令遵守と民事信託規律の維持—」市民と法65号（2010年）、「不動産登記代理委任と法令遵守確認義務(4)—信託法改正（信託目録廃止論）と信託登記代理機能の再構成—」市民と法

66号（2010年）、「民事信託は実務たり得るか―信託法・信託業法と司法書士法の交錯―」登記情報586号（2010年）、「民事信託の実務内容を考える―民事信託における不動産信託の当初引受・受託の留意点―」登記情報589号（2010年）、「信託と司法書士―信託会社との歴史的関係、信託登記の意義と現在の問題点、民事信託の展開のために―」日司連会報THINK109号（2011年）、「民事信託の実務における新局面―「信託口」口座の開設のための信託監督人の設置―」信託フォーラム7号（2017年）、「民事信託支援業務に未来はあるか(1)～(6)」市民と法105号～111号（2017年～2018年）、「金融機関のための民事信託の実務と法務(1)～(22)」金融法務事情2081号～2127号（2018年～2019年）、「民事信託支援業務の法的根拠論にもっと光を」市民と法112号（2018年）、「民事信託支援業務の手続準則試論(1)～(3)」市民と法113号～115号（2018年～2019年）、「民事信託と任意後見の交錯と協働―代理権目録の活用可能性と信託目録実務の問題点」信託フォーラム9号（2018年）、「家族信託と遺留分制度―東京地判平30・9・12を踏まえて―」金融法務事情2106号（2019年）、「国民の権利擁護の使命に照らした民事信託の支援に向けて(1)～(4)」市民と法119号～122号（2019年～2020年）、「（法務エッセイON&OFF）子供とともに歩んだ民事信託の夜明け」金融法務事情2134号（2020年）、「民事信託支援業務のための執務指針案100条(1)～(11)」市民と法123号～132号、137号（2020年～2022年）、「民事信託における「信託の登記」の作法―信託登記の強制主義に見る実体法（信託法）と手続法（不動産登記法）の交錯―」信託フォーラム14号（2020年）、「「信託口」口座の危機!?―差押命令の識別不能問題と民事信託・家族信託の規律の交錯―」金融法務事情2156号（2021年）、「登記先例解説(1)～(8)」家族信託実務ガイド21号～28号（2021年～2022年）、「民事信託支援業務の生成と展開に関する一考察」新井誠先生古稀記念論集所収（2021年）、「東京地判令和3年9月17日判例35号134頁（情報提供義務およびリスク説明義務違反判決）」家族信託実務ガイド24号（2022年）、「東京地裁令和3年9月17日判決にみる民事信託支援業務の内包と5号相談の実質（上）（中）（下）」市民と法133号～135号（2022年）、「民事信託支援業務の次なる議論に向けて―家族信託をめぐる裁判例の総括」市民と法136号（2022年）、「民事信託支援業務と懲戒規範」市民と法138号（2022年）。

　2024年現在連載中のものとして、「民事信託と登記(1)～(12)」信託フォーラム10号～21号（2018年～2024年）、「信託契約書から学ぶ民事信託支援業務(1)～(8)」市民と法139号～148号（2023年～2024年）「民事信託の登記の諸問題(1)～(36)」登記研究881号～919号（2021年～2024年）がある。

事項索引

【あ】

空き家 ························ 7, 8
新しい家族信託 ················· 15, 82, 88
甘えの構造 ······················ 16
新井誠 ········ 15, 16, 17, 78, 79, 80, 81, 82, 83,
　　　　84, 85, 87, 88, 123, 124, 125, 127, 130

【い】

遺言 ······ 8, 9, 10, 35, 39, 46, 49, 50, 53, 63, 66, 68
遺言執行手続 ····················· 27
遺言(による)信託 ············ 35, 65, 66
遺言を併用 ······················ 39
遺産管理業務 ····················· 66
遺産承継者 ······················ 54
遺産承継の機能 ··················· 27
遺産承継の指定 ··············· 50, 54
遺産整理業務 ···················· 102
遺産分割協議 ········ 10, 27, 47, 50, 54
委託者の判断能力 ············· 17, 37
伊庭潔 ··················· 84, 113, 127
遺留分 ················· 10, 54, 78, 89
遺留分権利者 ····················· 54
遺留分対抗目的の家族信託 ········· 89
インフォームド・コンセント ········· 126

【う】

運営コスト ······················ 45

【え】

営業信託 ····· 6, 12, 13, 26, 45, 46, 49, 54, 59, 62
英国制度視察団 ··················· 78
営利企業による家族信託 ··········· 92
江木衷 ······················· 75, 76
エステートプランニング ········· 4, 47
江藤新平 ························ 75
江藤价泰 ············· 4, 77, 83, 128
遠藤英嗣 ············· 15, 82, 84, 88
円満な家族の存在 ················· 31

【お】

大阪高判平成26年5月29日 ········· 13, 126
大崎晴由 ······················ 79, 80
大貫正男 ····················· 81, 127
思わぬ課税 ······················ 67

【か】

介護施設 ···················· 8, 31, 39
改正信託法の施行 ··············· 6, 86
香川保一 ························· 4
格付機関ムーディーズ ··············· 4
火災保険 ························· 61
貸金業債権の信託 ············· 80, 86
過剰宣伝 ························· 70
過剰報酬 ············· 70, 72, 87, 94, 126
家族会議 ············· 50, 60, 62, 91
家族構成 ··················· 8, 52, 67
家族信託が推奨 ··················· 48
家族信託契約 ··············· 36, 84, 88
家族信託幻想 ···················· 89
家族信託支援業務 ············· 102, 119
家族信託支援業務の進め方 ········· 60
家族信託実務ガイド ··············· 83
家族信託浄化運動 ················· 91
家族信託専用の口座 ··············· 67
家族信託訴訟 ···················· 115
家族信託と身上保護 ··············· 39
家族信託と任意後見契約の相違点 ····· 38
家族信託と任意後見契約の類似点 ····· 35
家族信託と任意後見契約を併用 ······· 31
家族信託の契約書作成 ··········· 36, 94
家族信託の優れた機能 ············· 50
家族信託の設定方法 ··············· 65
家族信託の組成過誤 ·············· 103
家族信託のデメリット ········· 27, 69, 71
家族信託のビジネス化 ········· 72, 92, 94
家族信託の必要性の有無 ··········· 22
家族信託のメリット ·········· 27, 51, 54
家族信託の利用で注意すべき点 ······· 69
家族信託は万能 ··················· 70
家族信託は魔法の杖 ··············· 89
家族信託普及協会 ················· 82
家族信託を選択した方が良い場合 ····· 48
家族信託を巡る裁判例 ············· 90
家族信託を用いる際のリスク ········· 67
家族信託を利用した人々の理由 ······· 45
家族全体の利益 ··················· 58
家族内で(の)完結 ········· 45, 46, 50, 51, 52
家族による信託 ··················· 13
家族の心配事 ····················· 8

131

家族のための信託 ……………………… 13
家庭裁判所 ………………… 16, 33, 38, 45
家庭裁判所の監督 ……………………… 45
金森健一 …………………………………… 85
過払金返還バブル ……………………… 87

【き】
菊永将浩 …………………………………… 84
岸本雄次郎 ………………………… 16, 81
規則31条業務 ………………… 116, 118
規則31条説 ……………………………… 117
基本条文の読解と暗唱 ……………… 102
金融機関の審査 ………………………… 61
金融機関の信託口口座開設支援 …… 117
金融機関のための民事信託の実務と法務
………………………………… 14, 84, 90
金融機関や公証人との交渉 ………… 102

【く】
苦情の増加 ………………………… 72, 85

【け】
契約書案の作成 ………………………… 61
兼営法 ……………………………………… 12
権限外行為 ……………………………… 28
件数主義 ………………………………… 72
建築基準法 ……………………………… 45

【こ】
高額報酬の問題化 ……………………… 91
後見制度との違い ……………………… 23
後見制度との使い分け ……………… 21, 22
後見報酬 ………………………………… 51
公証人 ………………… 32, 37, 67, 113
公証人への相談 ………………………… 61
公正証書（化）……… 32, 33, 36, 37, 61
公正証書作成支援 ……………………… 117
公的監督機関の空白 ………………… 110
高度な判断能力 ………………………… 35
高齢者自立支援 ………………… 78, 79
高齢者の認知症対策 ………………… 29, 78
高齢者の認知症問題 …………………… 21
５号相談 ……………………… 118, 131
国会附帯決議 …………………………… 80
国家試験 ………………………… 76, 97
コロナ禍と家族信託 …………………… 91
転ばぬ先の杖シンポジウム …………… 78

【さ】
齋木賢二 …………………………………… 81
財産管理契約 …………………………… 33
財産承継者の指定 ……………………… 39
財産の積極運用 ………………… 46, 49
財産の着服 ……………………………… 48
財産への担保設定 ……………………… 38
最新登記書式示範 ……………………… 76
裁判所の回避 …………………………… 46
裁判所の関与 …………………………… 45
裁判所の検認手続 ……………… 50, 54
最判平成４年９月22日 ……………… 28
債務整理の実務 ………………………… 71
債務整理バブル …………… 22, 87, 116
詐欺被害 ………………………… 51, 54
指図書の活用 …………………………… 33
佐藤純通 ………………………… 86, 120
佐藤義人 ………………………… 16, 78

【し】
支援型 ……………………………… 13, 122
支援する専門家のリスク ……………… 68
塩漬けされるリスク …………………… 26
資格試験 ………………………………… 98
士業者 …………… 27, 38, 46, 48, 67, 92, 93
試験勉強の効用 ………………………… 97
死後事務委任 …………………………… 28
死後事務委任契約 ……………………… 33
自己信託 ………………………… 35, 65, 66
資産運用を継続 ………………………… 48
資産承継者の指定 ……………………… 49
事実婚 ……………………………………… 71
自称専門家 ……………………………… 108
施設入所の可能性 ……………………… 7
七戸克彦 …………………………………… 81
四宮和夫 …………………………………… 12
司法職務定制 …………………………… 75
司法書士業務としての手順 ………… 60
司法書士試験 …… 3, 32, 97, 98, 99, 100, 101
司法書士の執務規律 ………………… 122
司法代書人 ………………… 75, 76, 82
社会保険制度の不完全 ……………… 47
収益性のない自宅 ……………………… 45
収益不動産の損益通算 ……………… 70
終活相談 ………………………………… 57

修繕工事‥‥‥‥‥‥‥‥‥‥‥‥‥ 25
受益者取消権 ‥‥‥‥‥‥‥‥‥‥‥ 28
受験勉強のノウハウ‥‥‥‥‥‥‥ 101
受託者と任意後見人が同一 ‥‥‥ 40, 41
受託者の権限濫用 ‥‥‥‥‥‥‥‥ 27
受託者の財産流用 ‥‥‥‥‥‥‥‥ 69
受託者の死亡‥‥‥‥‥‥‥‥‥‥‥ 26
受託者の信用リスク ‥‥‥‥‥‥‥ 90
受託者の地位‥‥‥‥‥‥‥‥‥‥‥ 26
受託者の不正 ‥‥‥‥‥‥‥‥‥ 54, 69
受託者の本人代替的な機能 ‥‥‥‥ 26
受任前の相談段階における助言懈怠 ‥‥ 63
紹介料事件 ‥‥‥‥‥‥‥‥‥‥‥‥ 93
紹介料問題‥‥‥‥‥‥‥‥ 22, 85, 94
紹介料・過剰報酬問題 ‥‥‥‥‥‥ 87
承継者の指定‥‥‥‥‥‥‥‥‥ 26, 39
証券化のリーガルリスク ‥‥‥‥ 5, 80
城南信金 ‥‥‥‥‥‥‥‥‥‥‥‥‥ 83
消費者問題 ‥‥‥‥‥‥‥‥‥ 22, 23
条文の読み込み ‥‥‥‥‥‥‥‥‥ 101
情報収集義務 ‥‥‥‥‥‥‥ 63, 64, 84
情報提供義務 ‥‥‥‥‥ 24, 63, 64, 84
情報提供とリスク説明 ‥‥‥‥‥‥ 60
消防法‥‥‥‥‥‥‥‥‥‥‥‥‥‥ 45
昭和のバブル期 ‥‥‥‥‥‥‥‥‥ 77
助言過誤 ‥‥‥‥‥‥‥‥‥‥ 10, 103
身上保護事務 ‥‥‥‥‥‥‥‥‥‥ 39
親族と不仲‥‥‥‥‥‥‥‥‥‥‥‥ 34
親族の争い ‥‥‥‥‥‥‥‥‥‥‥ 68
親族の少なさ‥‥‥‥‥‥‥‥‥‥‥ 40
親族紛争‥‥‥‥‥‥‥‥‥‥‥ 54, 70
信託会社 ‥‥‥‥‥‥‥ 45, 49, 81, 84
信託貸付 ‥‥‥‥‥‥‥‥‥‥‥ 14, 90
信託監督人 ‥‥‥‥ 41, 80, 84, 111, 112
信託業法 ‥‥‥‥‥‥‥‥‥‥‥ 12, 80
信託規律の遵守 ‥‥‥‥‥‥‥‥‥ 69
信託銀行‥‥‥ 5, 12, 45, 49, 66, 81, 83, 86, 107
信託口口座‥‥‥‥‥ 14, 37, 61, 83, 90
信託口口座開設‥‥‥‥‥‥ 61, 89, 117
信託口口座開設等に関するガイドライン‥‥ 113
信託契約公正証書 ‥‥‥‥‥‥‥‥ 61
信託契約書‥‥‥ 4, 72, 94, 107, 117, 118, 119, 123
信託契約書(の)作成 ‥‥‥‥ 4, 84, 94, 107, 117
信託契約書の起案 ‥‥‥‥ 99, 102, 103, 119

信託契約書の使い回し ‥‥‥‥‥‥ 72
信託契約の品質 ‥‥‥‥‥‥‥‥‥ 54
信託原簿‥‥‥‥‥‥‥‥‥‥‥‥‥ 76
信託財産責任負担債務 ‥‥‥‥‥‥ 90
信託財産の費消 ‥‥‥‥‥‥‥‥‥ 67
信託登記制度‥‥‥‥‥‥ 75, 76, 97
信託登記代理 ‥‥‥‥‥ 82, 112, 117
信託登記と信託法の関係 ‥‥‥‥‥ 97
信託登記の後続登記 ‥‥‥‥‥‥‥ 108
信託登記の申請 ‥‥‥‥‥‥‥‥‥ 61
信託内融資 ‥‥‥‥‥‥‥‥‥‥‥ 37
信託の悪用 ‥‥‥‥‥‥‥‥‥‥‥ 27
信託の意思凍結機能 ‥‥‥‥‥‥‥ 17
信託の民主化 ‥‥‥‥‥ 126, 127, 128
信託万能幻想 ‥‥‥‥‥‥‥‥‥‥ 89
信託フォーラム ‥‥‥‥‥‥‥ 83, 84
信託法案 ‥‥‥‥‥‥‥‥‥‥‥‥ 75
信託法改正作業‥‥‥‥‥‥‥‥ 5, 15
信託法学会 ‥‥‥‥ 80, 81, 87, 118
信託報酬 ‥‥‥‥‥‥‥‥‥‥ 50, 53
信託法入門セミナー ‥‥‥‥‥‥‥ 80
信託法の条文学習 ‥‥‥‥‥‥‥‥ 99
信託法の条文の要件・効果 ‥‥‥‥ 98
信託法の条文読み ‥‥‥‥‥‥‥‥ 103
信託目録が内包した瑕疵 ‥‥‥‥‥ 109
信託目録の理論と実務 ‥‥‥‥ 83, 85
信託目録を考える ‥‥‥‥‥‥‥‥ 81
信託をすべき財産の多寡 ‥‥‥‥‥ 59
信託を利用する必要性 ‥‥‥‥‥‥ 62
信頼できる親族 ‥‥‥‥ 7, 34, 48, 50, 53

【す】

住吉博‥‥‥‥‥‥‥‥ 4, 78, 98, 114

【せ】

制限のない法律相談権 ‥‥‥‥‥‥ 121
生前贈与 ‥‥‥‥‥‥‥‥‥‥‥ 7, 21
成年後見制度‥‥ 16, 21, 29, 72, 78, 81, 83, 125
成年後見センター・リーガルサポート
‥‥‥‥‥‥‥‥‥‥‥‥ 32, 79, 80
税務の確認‥‥‥‥‥‥‥‥‥‥‥‥ 60
税務の見通しに失敗 ‥‥‥‥‥‥‥ 67
善管注意義務違反 ‥‥‥‥‥‥‥‥ 103
専門家の品質 ‥‥‥‥‥‥‥‥‥‥ 70
専門家の善し悪し ‥‥‥‥‥‥‥‥ 67
専門家のリスク ‥‥‥‥‥‥‥ 68, 70

133

【そ】

相続財産の共有化 ·················· 51
相続税 ····················· 8, 10, 63
相続税対策 ·········· 46, 48, 50, 53, 88
相続対策 ···················· 9, 25, 49
相続登記が義務化 ····················· 7
相続登記の義務化 ················ 11, 58
相続登記の相談 ············· 7, 8, 9, 58
相談時における助言過誤 ·············· 10
訴訟リスク ··························· 72
訴答文例 ··························· 75

【た】

大規模修繕 ························· 48
第三者による監督 ············ 50, 52, 69
代書人強制主義 ····················· 75
代書人取締規則 ····················· 75
代理権目録 ············· 32, 34, 35, 39
高松高判昭和54年6月11日 ·········· 13
田中和明 ······················ 80, 84
誰でも使える民事信託 ········· 82, 88, 123
誰でもできる業務 ·············· 94, 116
誰でもできる説 ···················· 117
担保代用の民事信託 ················· 77
担保付社債信託法 ··················· 75

【ち】

中小企業における信託の活用 ·········· 81
懲戒規律 ··························· 22
懲戒処分 ······················ 93, 103
懲戒リスク ························· 72
賃貸経営を継続 ····················· 48
賃貸物件の運営 ····················· 25

【て】

デビット・ヘイトン ·············· 16, 79
寺本昌広 ··························· 80

【と】

道垣内弘人 ····················· 80, 84
登記研究 ····················· 5, 11, 84
登記先例 ··························· 76
東京司法書士会 ········· 3, 14, 79, 84, 125
東京地判平成30年9月12日 ········ 84, 90
東京地判平成30年10月23日 ······· 84, 90
東京地判令和3年9月17日 ····· 63, 64, 84, 117
投資的運用 ····················· 38, 46
独居老人 ··························· 34

【な】

中野簡易裁判所 ······················ 3
仲の良い家族 ······················· 30

【に】

日弁連信託センター ················· 113
日司連
···· 4, 13, 78, 79, 80, 81, 82, 84, 85, 86, 120, 121
日司連会長 ····················· 82, 120
二人三脚 ···················· 13, 122, 126
日本興業銀行法 ····················· 75
任意後見監督人 ········· 30, 33, 35, 28, 41
任意後見監督人報酬 ················· 38
任意後見契約 ········· 21, 24, 29, 30, 31, 32, 33,
　　　　　　　　 35, 36, 38, 39, 40, 41, 45
任意後見契約の発効 ················· 41
任意後見人 ······ 26, 32, 33, 34, 35, 36, 38, 40, 41
任意後見人の指定 ··················· 34
任意後見人の不正防止 ··············· 33
任意後見の利用件数 ················· 34
認知症対策
　　···· 17, 21, 22, 25, 26, 27, 29, 35, 49, 65, 88, 90
認知症となる不安感 ················· 49
認知症の症状が進行 ················· 34

【ね】

年金 ······························· 39

【の】

農地 ······························· 39
能見善久 ··························· 80
ノテール ··························· 77

【は】

ハーバラ＝R＝ハウザー ············· 16
派手な宣伝広告 ····················· 72

【ひ】

非営業信託 ····················· 12, 14
ビジネス主義の蹉跌 ················ 127
必要な行為の射程 ··················· 39
秘匿性 ····························· 66
人に対する制度 ····················· 26
非紛争型業務 ······················ 114
非弁要件 ·························· 119
品位保持義務違反 ·············· 72, 87

【ふ】

ファミリートラスト ··············· 4, 5
不完全な家族信託の組成 ·············· 70

福祉型信託 ……… *5, 12, 39, 79, 80, 82, 86, 123, 124*
ふくし信託会社 ……………………… *85*
藤原勇喜 …………………………… *78*
不動産証券化……………… *4, 6, 79, 107*
不動産登記書式精義 …………………… *76*
不動産の共有化 ……………………… *25*
不動産の受託基準 …………………… *45*
不動産のタイムリーな売却 ………… *50, 53*
不動産の調査 ………………………… *60*
不法行為責任………………………… *63, 103*
フランス視察団 ……………………… *77*
不良債権処理 ………………………… *4, 79*
古橋清二 …………………………… *127*
プロベート ………………………… *46*

【へ】

米国の家族信託 ……………………… *47*
ベルトコンベア方式 ………………… *71*
弁護士法72条 …… *117, 118, 119, 121, 122, 126*

【ほ】

包括承継 …………………………… *47*
法３条業務 ………………………… *116, 118*
法３条説 …………………………… *117*
法制審議会 ………………………… *80*
法定後見（制度）… *21, 29, 30, 32, 34, 36, 45, 52*
法定後見の利用を避けるための保険 ……… *30*
法務省……………………… *4, 11, 76, 78, 79*
法律事務 ……… *92, 94, 102, 116, 118, 120, 121*
法律整序事務 ……………………… *102, 126*
法律相談 ……… *10, 115, 116, 118, 119, 120, 122*
法律文書作成に関する許容範囲 ………… *122*
法令実務精通義務違反………………… *103*
星田寛……………………… *15, 16, 82, 88*
細田長司 …………………………… *120*
本人（委託者）の死亡 ……………… *28*
本人確認 ……………………… *60, 77*
本人訴訟支援………… *110, 111, 115, 128*
本人の意思代替機能 ………………… *26*
本人の判断能力 ……………… *32, 33, 35, 36*
本人保護の範囲 ……………………… *29*

【ま】

松永六郎 ………… *4, 16, 78, 120, 125, 126, 128*

【み】

身内の財産管理 ……………………… *16*
三井住友信託銀行 …………………… *83*

見守り義務 …………………………… *111*
見守りを放置………………………… *68*
民間資格 ……………………… *93, 94*
民事信託業務ガイドライン …………… *113*
民事信託士 ……………………… *82, 124*
民事信託支援業務に未来はあるか *13, 83, 118*
民事信託支援業務の法的根拠論… *82, 118, 119*
民事信託士協会 …………………… *82*
民事信託推進センター
……………… *82, 83, 87, 88, 89, 121, 124, 125*
民事信託と任意後見契約との併用……… *33*
民事信託における受託者支援の実務と書
式 …………………………… *83, 112*
民事信託の規律維持 ………………… *110*
民事信託の実務内容を考える ……… *82, 112*
民事信託の専門家 ……… *68, 108, 117*
民事信託のための信託監督人の実務… *83, 112*
民事信託は実務たり得るか ………… *82, 112*
民事信託を利用するメリット ……… *25, 26*
民法上の委任・代理 ……… *21, 27, 28*
民法上の代理 ……………………… *25, 26*

【む】

無限責任………………………… *69*

【も】

物に対する制度 ……………………… *26*

【や】

山北英仁 ……………………… *87, 120*
山本修事務所 ………………………… *3*

【ゆ】

友人による家族信託 ………………… *71*

【よ】

横山亘……………………………… *79, 109*

【り】

リスク説明 ……………………… *46, 60*
リスク説明義務……………… *63, 64, 84*
利用者からの問い合わせ ……………… *60*

【れ】

令和６年１月10日付け法務省民事局民事
第二課長回答 ………………………… *11*

【ろ】

老人医療費の高額さ ………………… *47*

司法書士入門研修

家族信託ハンドブック１ーガイダンス編ー

2024年９月６日　初版第１刷印刷　定価：1,870円（本体価：1,700円）
2024年９月12日　初版第１刷発行

| 不複
許製 | 著　者 | 渋　谷　陽　一　郎 |
| | 発行者 | 坂　巻　　　徹 |

発行所　東 京 都 北 区　株式会社 テイハン
　　　　東十条６丁目6-18
　　　　電話 03(6903)8615　FAX 03(6903)8613／〒114-0001
　　　　ホームページアドレス　https://www.teihan.co.jp

〈検印省略〉　　　　　　　　　印刷／株式会社平河工業社
　　　　　　　　　　　　　　　ISBN978-4-86096-185-5

本書のコピー、スキャン、デジタル化等の無断複製は著作権法上での例
外を除き禁じられています。本書を代行業者等の第三者に依頼してスキ
ャンやデジタル化することはたとえ個人や家庭内での利用であっても著
作権法上認められておりません。